Cábala y tarot

La Guía Definitiva del tarot cabalístico, la adivinación y la astrología

Su regalo gratuito

¡Gracias por descargar este libro! Si desea aprender más acerca de varios temas de espiritualidad, entonces únase a la comunidad de Mari Silva y obtenga el MP3 de meditación guiada para despertar su tercer ojo. Este MP3 de meditación guiada está diseñado para abrir y fortalecer el tercer ojo para que pueda experimentar un estado superior de conciencia.

https://livetolearn.lpages.co/mari-silva-third-eye-meditation-mp3-spanish/

Tabla de contenidos

INTRODUCCIÓN 1

CAPÍTULO 1: LA SABIDURÍA DE LAS CARTAS DEL TAROT................. 3

CAPÍTULO 2: EL TAROT EN LA CÁBALA 13

CAPÍTULO 3: EL MISTICISMO JUDÍO EN LA TEORÍA Y EN LA
PRÁCTICA 23

CAPÍTULO 4: REPRESENTACIONES DEL TAROT EN EL ÁRBOL
DE LA VIDA... 33

CAPÍTULO 5: INTERPRETACIÓN DE LOS ARCANOS MAYORES 42

CAPÍTULO 6: INTERPRETACIÓN DE LOS ARCANOS MENORES 65

CAPÍTULO 7: ASTROLOGÍA CABALÍSTICA 80

CAPÍTULO 8: TIRADAS Y CONDUCCIÓN DE LECTURAS.................... 89

CAPÍTULO 9: TÉCNICAS DE ADIVINACIÓN Y PREDICCIÓN.............. 99

CONCLUSIÓN.. 107

VEA MÁS LIBROS ESCRITOS POR MARI SILVA............................... 109

SU REGALO GRATUITO 110

REFERENCIAS... 111

Introducción

Este libro es su guía definitiva sobre la Cábala, el tarot, la adivinación, la astrología y los vínculos entre estos sistemas de creencias. Es intrigante y a la vez muy educativo. Conocerá las conexiones que existen entre los diversos elementos del tarot y los mundos de la Cábala y cómo estas conexiones preceden o influyen una gran cantidad de otras creencias. Leyendo este libro, obtendrá una comprensión profunda y completa de la interpretación del tarot.

El libro pretende darle los conocimientos necesarios para utilizar la Cábala y el tarot juntos. Explora y explica varios métodos como ejercicios prácticos, lecturas, conocimientos astrológicos, prácticas de adivinación y rituales de la Cábala. Lo introduciremos en este mundo místico si es un principiante o mejoraremos sus conocimientos si ya es un seguidor.

A diferencia de otros libros sobre estos temas, este no solo presenta los trucos de salón que ofrecen las cartas del tarot, sino que también lo guía por el camino más profundo y complejo de la Cábala. Aquí encontrará una amplia gama de meditaciones y la historia e interpretación de cada una de las cartas del tarot. También encontrará descripciones y asociaciones detalladas entre los diferentes tipos de barajas.

Es la fuente perfecta para principiantes y expertos por igual. Este libro es una excelente adición a su biblioteca, incluso si no está familiarizado con el tarot, sus símbolos y la tradición de la Cábala. La información que se ofrece aquí es comprensible para lectores más experimentados que buscan ampliar sus conocimientos.

Esta guía también es estupenda para las personas que no tienen conocimiento previo sobre ninguno de los dos temas, ya que ofrece una exploración fácil de entender sobre cómo el tarot y la Cábala se superponen y pueden trabajar juntos.

El primer capítulo le guiará a través de la rica historia y los orígenes del tarot y sus símbolos más populares. A continuación, aprenderá qué son las cartas del tarot como símbolos arquetípicos y descubrirá su conexión con el alfabeto hebreo. En este punto entenderá cómo cada carta conduce a un camino en el Árbol de la vida cabalístico. El capítulo tres abarca el significado del misticismo judío y explica cómo se practica la Cábala. También proporciona métodos prácticos para diversas prácticas místicas, oraciones, meditaciones y rituales de la Cábala.

Leyendo el siguiente capítulo, obtendrá una comprensión más profunda de lo que es el Árbol de la vida. También aprenderá cómo utilizar prácticamente en Tandem con el tarot a través de las diez cartas menores. El siguiente capítulo está dedicado a interpretar todas las cartas que componen los arcanos mayores y a proporcionar interpretaciones y enlaces cabalísticos. A medida que continúe leyendo, se encontrará con las interpretaciones de las cartas de los arcanos menores y sus correspondencias cabalísticas. Entenderá que estas cartas están más sintonizadas con el mundo físico. El siguiente capítulo analiza las conexiones astrológicas y planetarias y otros aspectos esotéricos a través de la perspectiva de la Cábala. A continuación, el libro ofrece instrucciones detalladas e imágenes para las tiradas de cartas y las lecturas de tarot. El último capítulo explora los otros usos posibles de las cartas del tarot, además de las lecturas. Aquí, usted aprenderá todo acerca de otros métodos de adivinación y clarividencia que puede realizar utilizando las cartas. Este capítulo también explica cómo mejorar sus habilidades psíquicas mediante el uso de otras herramientas, como los cristales, junto con las cartas del tarot.

Capítulo 1: La sabiduría de las cartas del tarot

Con una iconografía secular que retrata una curiosa mezcla de alegorías religiosas, símbolos antiguos y acontecimientos históricos, las cartas del tarot han permanecido rodeadas de misterio. Tanto para los críticos como para los escépticos, la práctica ocultista de la lectura de las cartas puede ser irrelevante en la vida moderna, pero cuando se examinan las pequeñas obras maestras que contienen, es evidente que encierran mucho significado y que iluminan nuestros complejos deseos y dilemas. No hace falta ser clarividente para valorar las cartas ilustradas del tarot, porque sin duda han cautivado la imaginación de generaciones a lo largo de los siglos.

Una visión general de la etimología de las cartas del tarot

Al examinar la historia del tarot, es interesante encontrar que tenía muchos nombres asociados, incluyendo *trionfi, tarocchi,* o *tarock*. La palabra tarot y la palabra alemana «*Tarock*» son derivaciones del italiano «*Tarocchi*». El origen de la palabra «*Tarocchi*» es incierto. Sin embargo, se utilizaba como sinónimo de «tontería» a finales del siglo XV y principios del XVI.

Durante el siglo XV, las barajas de tarot se llamaban exclusivamente «*Trionfi*». Este nuevo nombre apareció por primera vez hacia 1502, en Brescia, como *Tarocho*. Más tarde, en el siglo XVI, ganó popularidad otro juego que utilizaba una baraja estándar, pero que tenía un nombre similar (*Trinofa*). La aparición de este nuevo juego coincidió con el cambio de nombre del primero a «tarocchi». Según el italiano moderno, el término *tarocco* (en singular), como sustantivo, significa un cultivo de naranja sanguina. «*Tarocco*» es un verbo que se refiere a algo que es falsificado o que no lo es. Esta interpretación está directamente relacionada con el juego renacentista de los *tarocchi* tal y como se jugaba en Italia, en el que el *tarocco* indicaba una carta que podía ser sustituida por otra.

El tarot es una baraja de cartas que se remonta a mediados del siglo XIV o XV y se utilizaba popularmente en varias regiones de Europa (por ejemplo, el *tarocchini* italiano, el *Konigrufen* austriaco y el *tarot* francés). Pero lo más intrigante es que el arte de leer las cartas del tarot sigue formando parte de nuestra sociedad incluso hoy en día.

Un vistazo a la historia del tarot

Las cartas del tarot se originaron en Italia en la década de 1430 y el juego se jugaba añadiendo un quinto palo de 21 cartas con ilustraciones únicas a la baraja normal de cuatro palos. Estas cartas ilustradas se llamaban *trionfi* o triunfos, y se convirtieron en el equivalente de una carta de triunfo. Había otra carta conocida como el tonto o «*matto*». Aunque parece similar, no debe confundirse con el «comodín» actual, que se inventó durante el siglo XIX y se utilizaba en el juego del *euchre* como una sota sin valor. Curiosamente, las cartas del tarot atravesaron unos nueve niveles para alcanzar el estatus y la apariencia que tienen hoy en día.

Una cosa interesante es que el significado general de las cartas de adivinación ha cambiado con el tiempo. Esto fue muy influenciado por la cultura de cada época y las necesidades específicas de las personas durante cada tiempo en particular.

Las cartas italianas del siglo XV

Durante el siglo XV, en las Cortes de Ferrara, Milán y Florencia, las cartas del tarot ganaron popularidad rápidamente. Comenzaron como el juego de *Tarocchi*, que era bastante similar al juego de *bridge*. La baraja constaba de cuatro palos de arcanos menores (espadas, monedas, bastos y copas). Con el tiempo, varios artistas comenzaron a añadir cartas de triunfo a la baraja, y esta tendencia fue creando los arcanos mayores. Por lo general, los motivos de las cartas de triunfo eran muy diferentes de los demás y representaban temas clásicos populares de la época. Muchos mazos de tarot eran extremadamente caros porque estaban personalizados y pintados a mano con mucha dedicación. Esto también significaba que los juegos de cartas de tarot inicialmente solo estaban disponibles para la élite, ya que su precio era elevado y estaba fuera del alcance del ciudadano medio.

Algunos de los primeros ejemplos de las reglas de las cartas del tarot se encuentran en un manuscrito del siglo XV, escrito por Martiano da Tortona (secretario del duque milanés Filippo Maria Visconti y que era canciller en aquella época). En esta recopilación se describía una baraja de tarot con un total de sesenta cartas, entre las que se encontraban 44 con imágenes de diferentes pájaros (tórtola, águila, fénix y paloma) y otras 16 cartas decoradas con retratos de dioses romanos (Mercurio, Júpiter, Apolo, Ceres, Baco y Cupido). Según Tortona, todos los dioses estaban por encima del orden de las aves y de los rangos de las imágenes retratadas en la baraja. Así que, según esto, las 16 cartas de los dioses eran las cartas de triunfo.

Las cartas del tarot y la controversia católica

La polémica se remonta a 1423, una época marcada por los incendios en Bolonia. Los seguidores de Bernadino de Siena, un misionero franciscano y sacerdote italiano, arrojaron todos los naipes al fuego. Bernadino de Siena era un sistematizador y defensor de la economía escolástica. Predicaba contra el juego, la hechicería, el infanticidio, la homosexualidad, la usura, los judíos y la brujería, y era bastante popular. Irónicamente, no hay pruebas fehacientes de que las cartas del tarot se quemaran, pero estos actos de quema de naipes surgieron debido a la creencia de que representaban actividades antirreligiosas.

A finales del siglo XV, la Iglesia católica estableció una estricta prohibición de los juegos de azar, pero los juegos aristocráticos, incluidos los naipes del tarot, estaban exentos de estas regulaciones, simplemente porque la Iglesia quería mantener a la clase dirigente involucrada en sus actividades. Poco después de la Reforma, la Iglesia se opuso firmemente a un juego de cartas que representaba a una papisa y un papa. Los fabricantes de cartas comenzaron a pintar figuras menos controvertidas para resolver este problema. En la actualidad, estas imágenes aparecen en las cartas como la Suma Sacerdotisa y el Hierofante.

Poco a poco, la popularidad del tarot como juego se fue extendiendo por toda Europa gracias a su precio más accesible tras la invención de la imprenta.

El camino de los franceses

Durante la década de 1490, los franceses conquistaron con éxito algunas partes de Italia y Milán, y muchos fabricantes de cartas de tarot se trasladaron a Francia. A principios del siglo XVI, las cartas del *Tarocchi* se hicieron muy populares en Francia y tomaron el nombre de «Cartas del tarot». La baraja que se hizo popular en Francia era bastante similar a la versión utilizada en Milán, pero evolucionó más y fue conocida como «Tarot de Marcille», que es la estructura estandarizada de la gran mayoría de las barajas de tarot utilizadas hoy en día.

La Etteilla del siglo XVIII

En el siglo XVIII, la gente comenzó a utilizar las cartas del tarot para la adivinación a través de la cartomancia y la lectura de las cartas. Esta tendencia a utilizar las cartas del tarot para la adivinación condujo a una nueva ola de barajas personalizadas especialmente diseñadas para fines ocultistas.

El siglo XVIII fue una época de inmensa agitación política para los franceses, ya que los ideales de la guerra de la Independencia americana alimentaban la Revolución Francesa. Francia fue efectivamente purgada de su sistema jerárquico real durante bastante tiempo. Las cosas místicas y relacionadas con el ocultismo ganaron una inmensa popularidad durante esa época, porque aseguraban la vida eterna y la riqueza rápida.

En París, durante la década de 1770, Etteilla, un ocultista francés, escribió un libro sobre cartomancia y habló sobre el uso de las cartas del tarot para la adivinación. Curiosamente, este es el primer registro histórico del uso de las cartas del Tarot para la adivinación.

Publicó otro libro, titulado «*Cómo entretenerse con la baraja de cartas llamada tarot*», que se convirtió en el primer manual de adivinación con las cartas del tarot. También incluía información sobre el posible origen de la baraja de tarot y databa su origen en el antiguo Egipto. Etteilla publicó en 1789 la primera baraja de tarot personalizada con el único fin de la adivinación. También creó una escuela de tarot y astrología, y uno de sus alumnos, D'Oducet, escribió un libro que seguía el camino de Etteilla y explicaba el significado de las cartas del tarot a la luz de las enseñanzas de su maestro. Este libro sentó las bases de varios significados e interpretaciones de los arcanos menores de la baraja de Rider-Smith.

Las conexiones egipcias, hebreas y la Cábala

En 1781, Antoine Court de Gebelin escribió el primer ensayo que relacionaba el tarot con el antiguo Egipto y el alfabeto hebreo en «*Le Monde Primitif*». Antoine Court de Gebelin era un ministro protestante y un francmasón francés cuyo complejo análisis del posible origen de las cartas del tarot le llevó a descubrir que podían estar vinculadas de algún modo a los secretos esotéricos de los sacerdotes egipcios.

En 1856, Eliphas Levi publicó un tratado titulado «*Dogma y ritual de la magia trascendental*», que resultó ser un documento asombrosamente influyente durante la ola ocultista occidental. Esta fue la primera obra que vinculó el tarot y la Cábala. Eliphas vinculó los alfabetos hebreos con cada carta del Tarot y luego colocó las cartas en el árbol de la vida. Eliphas Levi Zahed fue un escritor, poeta y esotérico francés que publicó veinte libros sobre la Cábala, los estudios alquímicos, la magia y el ocultismo. Es interesante señalar que, en un principio, Eliphas fue miembro activo de la Iglesia Católica y siguió una carrera eclesiástica. Sin embargo, tras algunos problemas personales, abandonó el sacerdocio católico romano. Comenzó a difundir conocimientos ocultistas alrededor de los cuarenta años y rápidamente se ganó una reputación como mago ceremonial.

Las obras de Levi inspiraron y atrajeron a muchos acólitos en Londres y París, y entre sus seguidores había artistas, simbolistas, románticos y esotéricos. Poco después se crearon las cartas de Falconnier Wegner, en 1896, que fueron las primeras barajas genuinamente egipcias basadas en las descripciones de Paul Christian (seguidor de Levi).

La aurora dorada de las cartas de tarot

Hacia finales del siglo XIX, el dominio de la Iglesia estaba finalmente desapareciendo, y en 1888 Samuel Liddell Mathers y William Westcott (renombrados miembros de la organización fraternal conocida como «masonería») iniciaron la «Orden Hermética de la Aurora Dorada en Londres». Esta «orden» fue creada como una sociedad secreta que se dedicaba a estudiar y practicar la metafísica, el ocultismo y las actividades paranormales. Por lo tanto, se encuentran registros de estas actividades entre el siglo XIX y XX con bastante facilidad.

En cambio, el mundo anglosajón desconocía en gran medida las cartas del tarot, salvo algunos eruditos que hablaban francés y eran capaces de leer las obras de Eliphi Levi. El erudito inglés Kenneth Mackenzie revisó los escritos de Levi y fue muy popular en la época de la Aurora Dorada. W.B. Yeats también se sintió atraído por este grupo, que se convirtió en la primera orden masónica en acoger a mujeres. También sirvió como lugar de aprendizaje de algunas personalidades muy influyentes, como A.E. Waite y Aleister Crowley.

Las cartas del tarot americano

El populismo y el capitalismo también contribuyeron a la popularidad de las cartas del tarot en América, de una manera muy diferente a como había ocurrido en Europa. No fue solo por la magia asociada a las cartas del tarot, sino por la compleja literatura, los costos y las sociedades secretas que pusieron las cartas fuera del alcance de mucha gente. Casualmente, en América las cartas de tarot más populares eran las barajas piratas de Waite-Smith. La venta de estas barajas se realizaba a menudo después de las conferencias y lecciones públicas.

Al principio de su llegada a América, las cartas del tarot estaban completamente desconectadas de sus raíces italianas y tenían un misterioso aire de esoterismo a su alrededor. Para el año 1915, varias barajas europeas importantes llegaron a América. Durante la época de la *Golden Dawn* se establecieron muchos templos en Nueva York y otras ciudades. Otro acontecimiento histórico importante fue que Paul Foster Case dejó Nueva York en 1920 e invirtió su tiempo y energía en hacer que las barajas de tarot fueran más asequibles y accesibles para el público en general. Comenzó organizando conferencias públicas, publicando panfletos y escribiendo artículos sobre el tema. Más tarde, en 1937, Israel Regardie, que resultó ser el antiguo secretario de Aleister Crowley, emigró a América y reeditó las enseñanzas secretas de la *Golden Dawn* sobre las barajas de tarot.

La Edad Moderna de las cartas de tarot

Durante la década de 1960, Eden Gray, una escritora y actriz estadounidense que exploraba los aspectos esotéricos de las cartas del tarot, escribió su primer libro *«Tarot revelado: Una guía moderna para leer las cartas del tarot»*. Este libro establecía unas pautas simples y fáciles de seguir a los amantes de las cartas del tarot, haciendo que la lectura fuera más accesible para el público. Según Eden Gray, cualquiera puede leer las cartas del Tarot con facilidad. Tiene más que ver con ser intuitivo al hacer las lecturas que con memorizar toda la baraja. Esta creencia es bastante popular incluso hoy en día.

Debido a los esfuerzos por desmitificar las cartas del tarot, muchas personas comenzaron a jugar al tarot. Otra idea innovadora era que las cartas podían ser leídas o interpretadas de varias maneras. Esta creencia inspiró a muchas personas a crear sus propias barajas de tarot personalizadas y a adjuntar sus interpretaciones subjetivas a los símbolos y arquetipos. En resumen, la lectura de las cartas del tarot se ha convertido en una forma de arte.

Las cartas del tarot se han adaptado a la acelerada sociedad actual y al estilo de vida asociado a ella para integrarse. Las barajas con diosas orientadas a las mujeres, las que incluyen personas de color y otras barajas especiales han sido populares desde los años 70. Varias barajas retratan diferentes culturas y sus símbolos y arquetipos asociados. Por ejemplo, el tarot Xultun, publicado en 1976 por Peter Balin, fue el primero en utilizar ilustraciones de una cultura no europea.

Las barajas de tarot clásicas

La baraja de tarot estándar actual está basada en el tarot piamontés o veneciano, con 78 cartas. Estas se agrupan en dos categorías: los arcanos mayores y los arcanos menores. Los arcanos mayores tienen 22 cartas, comúnmente conocidas como «triunfos», y los arcanos menores tienen 56 cartas en la baraja. Aunque hay varios mazos de tarot que se usan hoy en día, hay tres que se consideran clásicos: el tarot de Marsella, el Visconti-Sforza y el Rider-Waite.

Tarot de Marsella

Esta baraja de tarot (conocida como tarot marsellés o tarot de Marsella) es un modelo estándar de cartas de estilo italiano y fue popular durante los siglos XVII y XVIII en Francia. Inicialmente, se fabricaba en Milán. Después, su popularidad creció y se utilizó en el norte de Italia, Francia y Suiza.

Al igual que muchas otras barajas de tarot, esta tiene 56 cartas de cuatro palos (bastos, espadas, copas y oros o monedas). Estas cartas empiezan por un As y cuentan hasta 10. En el pasado, se clasificaban siguiendo un patrón que comenzaba con el 10 y llegaba hasta el As en los palos de monedas y copas, en línea con otros juegos más conocidos fuera de Sicilia y Francia. Además de estas cartas, hay cuatro cartas de personajes en cada palo (bribón o paje, caballero o jinete, dama o reina, y rey). En la terminología de los ocultistas, este conjunto de cartas se conoce como arcanos menores (también conocidos como *Arcanes Mineures*).

Estas cartas se imprimieron originalmente a partir de grabados en madera y posteriormente se colorearon a mano. El patrón de esta baraja dio lugar a varias barajas de tarot más adelante. Fue también la primera que se utilizó en las prácticas ocultas y en la adivinación.

Visconti-Sforza

La baraja Visconti Sforza es una colección de unas quince barajas de mediados del siglo XV. Están entre las barajas de tarot más antiguas que se conservan y fueron encargadas por el duque de Milán, Filippo Maria Visconti, y su yerno Francesco Sforza, que también desempeñó un papel importante en la numeración, interpretación y composición visual de las cartas. Por lo tanto, esta baraja muestra una curiosa visión del estilo de vida de la nobleza durante el Renacimiento en Milán.

Una de las barajas de tarot más antiguas, la baraja Visconti-Sforza, se fabricó originalmente para entretener a la aristocracia durante el siglo XV. En años posteriores, se vinculó gradualmente con el poder del destino, los secretos ocultistas y la adivinación. Estas cartas fueron pintadas a mano por varios artistas de renombre de la época. Presentan imágenes impresionantes, inquietantemente bellas y auténticas de la época medieval. Esta baraja también contiene 22 cartas de triunfo alegóricas y místicas.

Hay tres barajas especialmente conocidas asociadas a este tarot: la primera es la Pierpont Morgan Bergamo, que originalmente tenía 78 cartas (15 de personaje, 20 triunfos y 39 cartas de puntos). La segunda baraja es la Cary Yale (también conocida como la baraja Visconti di Modrone) y data de 1466. Contenía 67 cartas (17 personajes, 11 triunfos y 39 puntos). Esta baraja es la única occidental clásica conocida con seis rangos de cartas de personaje. La tercera baraja es «Brea Brambilla», llamada así por Giovanni Brambilla. Contiene 48 cartas y tiene dos triunfos (la rueda de la fortuna y el emperador). Todas las cartas de triunfo tienen un fondo plateado, mientras que las de personaje tienen un fondo dorado.

Baraja de tarot Rider-Waite

Esta baraja es otro clásico popular de tarot, y es conocida como Rider-Waite-Smith, Waite-Smith, o baraja Rider. Presenta imágenes simples, pero con fondos detallados que contienen mucho simbolismo. Para muchos, es la baraja de tarot más sorprendente. En ella se eliminaron algunas imágenes cristianas y se añadieron otros símbolos. Por ejemplo, la carta «Papa» fue sustituida por «Hierofante», mientras que la «Papisa» fue sustituida por «Suma Sacerdotisa». Además, la carta «Amantes», que representaba a una pareja vestida recibiendo la bendición de un clérigo o de un noble (en una escena medieval), se sustituyó por la imagen de Adán y Eva desnudos en el Jardín del Edén, y el as de copas presenta una paloma con un pan sacramental. Basta decir que las imágenes y los símbolos utilizados en esta baraja están influenciados por el ocultista y mago del siglo XIX Eliphas Levi y la Orden Hermética de la Aurora Dorada.

Las maravillosas cartas de esta baraja fueron publicadas en 1909 por la compañía Rider, según las instrucciones del místico y académico A. E. Waite, y tienen ilustraciones de Pamela Colman Smith. El Dr. Arthur Edward Waite fue un renombrado erudito y predicador del ocultismo que publicó un libro titulado «*La santa Cábala y la clave del tarot*», publicado por primera vez en 1910 en Inglaterra. Según Waite, el simbolismo era la clave para interpretar eficazmente las cartas del Tarot. La baraja cuenta con 78 cartas incluyendo 56 arcanos menores, que representan las escenas con símbolos y figuras.

Capítulo 2: El tarot en la Cábala

«Hoy en día, vemos el tarot como un camino, una forma de crecimiento personal mediante la comprensión de nosotros mismos y de la vida».

- Rachel Pollack, *Setenta y ocho grados de sabiduría*

Según algunas tradiciones, el ángel Metatrón dotó a la humanidad del don del tarot y de las cartas hebreas, y estas se conservaron como un preciado secreto de las tradiciones místicas fuera del alcance del público. Más tarde, debido a los saqueos, partes de estas enseñanzas se transmitieron en Arabia, Egipto y Europa, y se hizo popularmente conocida la baraja del tarot con símbolos e imágenes oscuras. Esta baraja ha sido desordenada, degenerada, mal utilizada y mal interpretada durante siglos.

Según el folclore, el ángel dio las cartas hebreas y el tarot a la humanidad para que viera las cosas con claridad, más allá de su limitado y confuso estado psicológico. Por lo tanto, el tarot es un método antiguo y sagrado para obtener conocimiento y visión espiritual, y la Cábala es la ciencia que hay detrás. La Cábala consiste en números que revelan las estructuras del Universo y ofrece una salida al sufrimiento.

Las cartas del tarot y la Cábala, juntos, energizan, aclaran y potencian el aspecto espiritual, y en lugar de estar atascado en suposiciones o conjeturas, permiten estar seguro de lo que se conoce a través del tarot cabalístico. Todavía puede resultar sorpresiva la conexión entre el tarot y la Cábala, pero para comprender mejor este vínculo, usted tiene que entender primero de qué se trata la Cábala.

Una breve descripción de la Cábala

La Cábala (o *qabala*), traducida literalmente significa «correspondencia» o «recepción, tradición» y es un oscuro método de disciplina del misticismo judío (se considera una escuela de pensamiento). En el judaísmo, un cabalista tradicional se llamaba «*Mekbul*».

Muchas definiciones de la Cábala dependen principalmente de los objetivos y las tradiciones de los seguidores. El origen religioso de la Cábala implica que es un componente integral del judaísmo, que posteriormente se adaptó en el esoterismo occidental (la Cábala hermética y la Cábala cristiana).

La Cábala judía

La Cábala judía implica ciertas prácticas y enseñanzas esotéricas que explican la relación entre el Dios Eterno, *Ein Sof* (el infinito), y el universo mortal y finito. En definitiva, constituye la base de las interpretaciones místicas del judaísmo. Según la tradición judía general, la Cábala, como sistema de creencias, vino del Edén en forma de revelación para guiar la elección de los justos y fue un privilegio compartido por pocos.

Cábala cristiana

La Cábala cristiana se remonta a la época del Renacimiento, cuando los eruditos cristianos comenzaron a desarrollar un gran interés por las prácticas místicas de la Cábala judía. Estos eruditos adjuntaron sus propias interpretaciones cristianas. Este interés en la Cábala se originó por el fuerte deseo de añadir más significados e interpretaciones místicas a algunos aspectos del cristianismo.

Cábala hermética

La tercera rama de la Cábala es conocida como Cábala hermética (que significa contabilidad o recepción). Se trata de una tradición esotérica occidental que implica ocultismo y misticismo. Es la que sentó el marco y la filosofía fundacional de varias sociedades mágicas y místico-religiosas, entre ellas las órdenes talémicas, la Golden Dawn, los Builders of Adytum y la Comunidad de Rosy Cross. La Cábala hermética también fue un precedente importante de los movimientos *wiccanos*, de la Nueva Era y los neopaganos. También es la base de la *Qabala Qlifótica* (seguida por las órdenes del Sendero de la Mano Izquierda, como la Orden Tifónica). Esta Cábala creció simultáneamente con el movimiento cabalístico cristiano durante la era del Renacimiento europeo.

La Cábala hermética se nutre de varias influencias, incluyendo la astrología occidental, las religiones paganas, la Cábala judía, la alquimia (especialmente las influencias de la alquimia grecorromana y egipcia), el gnosticismo, el neoplatonismo, el sistema enochiano de magia angélica de Edward Kelley y John Dee, el tantra, el hermetismo y el simbolismo del tarot. Se diferencia de la Cábala judía por ser un sistema más asimilable o sincrético, pero comparte varios conceptos con ella.

¿Cómo se relacionan la Cábala y el tarot?

Muchos miembros de estas sociedades todavía no son conscientes de que la Cábala y el tarot están fuertemente interconectados. La Cábala tiene un papel importante en las cartas del tarot. Hay varios orígenes misteriosos relacionados con las cartas del tarot. Por ejemplo, algunas están vinculadas a la Francia del siglo XIII (como la baraja de Marsella), mientras que otras se remontan al antiguo Egipto, y otras tienen sus orígenes en Italia. Pero la cuestión que causa curiosidad a muchos es cómo se relaciona el tarot con la Cábala o el misticismo judío.

Está bastante claro que todo esto comenzó en la época en que Eliphas Levi tuvo éxito al publicar su primer libro, alrededor de 1856. Levi habló en detalle sobre los arcanos mayores y su relación con el alfabeto hebreo. El texto de Levi es interesante por la aguda observación y las comparaciones que hace. También profundiza en los palos de los arcanos menores y, curiosamente, ¡destaca una superposición o una relación con el nombre del Dios (a veces denominado «*Tetragrammaton*»)! Después del libro de Levi, su alumno Papus siguió los pasos del maestro y sacó un libro similar sobre el tarot. El libro de Papus se titulaba «*El tarot de los Bohemios*» y era un registro interesante. Mientras todo esto sucedía, Oswald Wirth estaba trabajando en la creación de una baraja completamente nueva de los arcanos mayores con diseños y cartas hebreas.

Lo que es más interesante es que varios expertos en tarot de renombre estaban a favor de estos cambios y perspectivas, incluyendo a Aleister Crowly. Un ejemplo de esto fue cuando Crowley alteró las cartas del emperador y la estrella y las cambió por letras hebreas. Así, según su versión, la «estrella» representaba «*heh*» mientras que el «emperador» representaba «*tzaddi*».

En el primer capítulo de su famoso libro, titulado «*El libro de la ley*», Crowley escribe: «Todas estas viejas letras de mi libro son correctas, pero *Tzaddi* no es la estrella».

Valdría la pena mencionar que también las barajas Rider-Waiter y Golden Dawn incorporaron el hebreo, aunque no aparecen las letras hebreas. Waite menciona esta relación en sus escritos.

Para ponerlo todo en palabras sencillas, los cuatro palos de la baraja del tarot se relacionan con muchas facetas de nuestra vida y la diversidad del viaje humano a través de muchas estaciones de este mundo. Los bastos representan la pasión y la sexualidad, mientras que las espadas están relacionadas con el conocimiento, las copas denotan las emociones y los oros tienen que ver con el dinero y la profesión.

Esto nos muestra que se puede recibir orientación y realización del universo circundante. Como mencionamos al principio del capítulo, la Cábala significa esencialmente «recibir». Esto tiene mucho sentido porque estamos, en cierto modo, recibiendo lo que requerimos del universo que nos rodea, aunque no logremos comprenderlo completamente.

Según el judaísmo, Dios es innombrable, incognoscible e indefinible, lo que se relaciona perfectamente con nuestro viaje en el tarot. En este punto resulta más interesante compartir las palabras exactas de Kliegman:

«*Lo más importante que hay que saber sobre la Cábala es muy simple: cábala significa «recibir». Se trata de una explicación de la creación en términos de un Dios generoso. (Cabalísticamente, la divinidad es doble. Está Adonai, el aspecto masculino de la divinidad, el Señor. Y está la Santa Shejiná, el aspecto femenino de la divinidad. Se trata de un espíritu andrógino, que no debe entenderse como masculino, sino como el espíritu divino gobernante, el Eterno. La base del sistema cabalístico, por tanto, es que el universo ha sido creado por un Dios amoroso cuyo deseo es dar y que nos ha creado específicamente como criaturas que pueden recibir, con conocimiento amoroso y apreciación consciente. Tenemos que elegir, y podemos caer en el mal, pero nacemos perfectos*».

El libro de David Krafchow sobre el tarot cabalístico ganó una inmensa popularidad entre las facciones interesadas, y con razón, por su contenido relevante e históricamente significativo. Si se lee detenidamente el libro de David Krafchow, se encuentra que habla extensamente sobre la intrigante historia (vinculada con los judíos) de las búsquedas del ser y de la verdad y sobre la perspectiva hebraica respecto a los arcanos menores y mayores. Por lo tanto, las barajas de tarot son una herramienta para encontrar la verdad, y se cree que estas cartas tienen sus raíces en las primeras tradiciones místicas judías. La configuración de los símbolos e imágenes de las cartas refleja el antiguo conocimiento esotérico, denominado «Cábala».

Según Dovid Krafchow, se deben explorar los elementos cabalísticos y las raíces históricas del tarot para obtener el significado más verdadero y completo de este instrumento milenario. Por ejemplo, se puede ver a la Gran Sacerdotisa sosteniendo una Torá y sentada entre los pilares del Rey Salomón, rodeada de granadas. Esta carta es interesante porque representa una búsqueda del conocimiento confinado debido a las limitaciones y experiencias humanas, y plantea una interesante ironía. Además, la carta recurre al universo para ofrecer orientación al consultante o buscador mientras busca una forma de equilibrar la binariedad de género.

Para entenderlo mejor, volvamos a la época de la invasión griega a Israel. Durante la época de la invasión de Israel por los griegos, los judíos tenían prohibido el estudio de la Torá, por lo que los creyentes judíos inventaron un método secreto para estudiarla que se parecía a las cartas de juego usadas para pasar el tiempo. Estas fueron las primeras barajas de tarot de quienes estudiaron la Torá en secreto sin ser detectados por sus opresores. Tan pronto como los macabeos expulsaron a los griegos de Israel, la tierra resurgió como reino de los judíos, y las barajas de tarot desaparecieron de la vista. Unos 1500 años más tarde, como resultado de las disputas judías con las persecuciones políticas y religiosas católicas, los teólogos católicos y la inquisición, las cartas del tarot volvieron.

El tarot y el alfabeto hebreo

Hay cuatro puntos de vista principales cuando se trata de relacionar las cartas del tarot con los alfabetos hebreos:

1. **El punto de vista de Levi:** Según este, las cartas hebreas siguen el orden de los arcanos mayores de forma secuencial, excepto la carta del Loco, no numerada, que se coloca como penúltima.

2. **La visión de GD:** Según este punto de vista, las cartas siguen el orden de los arcanos mayores y la carta del Loco ha sido numerada como «cero», mientras que la Justicia y la Fuerza intercambiaron su numeración y posición.

3. **El punto de vista de Crowley:** Según las asignaciones de cartas hebraicas, que es igual a la de la visión de GD, exceptuando las cartas de la Estrella y el Emperador.

4. **Visión de Filipa:** Según esta visión, las cartas siguen el orden de las cartas del tarot (la carta del Loco permanece sin numerar y se coloca como carta número 22 al final de la secuencia).

Hay un gran solapamiento entre la Torá y el Tarot, desde el imaginario judío hasta los números significativos. Antes de seguir adelante, vamos a refrescar rápidamente la anatomía del tarot. La baraja básica tiene dos partes: los arcanos mayores y los arcanos menores. Los arcanos menores tienen 56 cartas, divididas en cuatro palos, cada uno de los cuales tiene cuatro cartas de personaje. Los cuatro palos son bastos, espadas, copas y monedas (u oros) que corresponden a tréboles, picas, corazones y diamantes. Por su parte, los arcanos mayores tienen 22 cartas (también hay 22 letras en el alfabeto judío) que no están divididas en palos y representan las influencias kármicas que a menudo se consideran lecciones de vida.

En el libro «*Tarot cabalístico*» Dovid Krafchow habla de cómo el tarot es la clave para desbloquear la esencia de la Cábala. Establece similitudes entre las 22 cartas de los arcanos mayores y las letras hebreas, y los cuatro palos que corresponden a los cuatro mundos cabalísticos. También describe las cartas de acuerdo con la interpretación cabalística y cómo se relaciona con la Torá y ofreció una visión del Árbol de la vida a través de varias lecturas cabalísticas. Los cuatro palos de los arcanos menores están relacionados con los cuatro viajes distintos de la vida. Las «espadas» tienen que ver con el pensamiento y el conocimiento, las «copas» tienen que ver con el amor y las emociones, los «oros» hablan de la riqueza y la salud, y los «bastos» tienen que ver con la pasión, la energía sexual y la creatividad. Los cuatro mundos cabalísticos de *Yetzirah*, *Briah*, *Asiyah* y *Atzilut* también están asociados con los cuatro palos de la baraja, lo que confiere otra dimensión de significados a las cartas.

Además de la conexión obvia entre los alfabetos hebraicos y las cartas del tarot, hay otros símbolos judíos ilustrados en estas cartas. Comprenderá esta conexión si ha visto la baraja Rider-Waite (creada en 1909). Puede ver las imágenes en:

- **«La Rueda de la Fortuna»** (esta carta trata de la limitación del libre albedrío y presenta una rueda con la palabra «TORÁ» escrita, así como «יהוה» que es la palabra hebrea tácita para Dios).

- **«Los Amantes»** (trata de ser consumido por una idea o una persona, y la carta presenta la escena de *Bereshit* o el Génesis en el Jardín del Edén).

- **«La Suma Sacerdotisa»** (esta carta recuerda que todos tenemos un entendimiento sagrado dentro que tiene la respuesta a las cosas que estamos buscando. La carta muestra a una sacerdotisa con una Torá en la mano, sentada entre los pilares del templo de Salomón).

El Tarot y el Árbol de la vida

El «Árbol de la vida» puede parecer un concepto complicado; sin embargo, se puede entender como una ilustración de las leyes universales que arrojan luz sobre la naturaleza de la realidad. Según muchas interpretaciones, el Árbol de la vida no es más que una emanación eterna de los principios divinos (los conceptos de macro y microcosmos son bastante relevantes aquí) y se superpone con al fractal. Se cree que este árbol de la vida está muy vivo dentro de cada persona y cada ser humano es visto como una rama del árbol. En otras palabras, este árbol representa una manifestación de la materia en forma de energía y espíritu. Viajando hacia abajo, se encuentra el subconsciente y el cuerpo. Al viajar hacia la cima en el Árbol de la vida, se encuentra la fuente del alma (divinidad) y el ser actualizado o superior. En esencia, es la riqueza de la vida interior y una representación simbólica del plano de la creación.

El diagrama tiene 22 caminos, al igual que son 22 cartas las de los arcanos mayores. Estos caminos representan las lecciones aprendidas a lo largo del viaje de la vida o las necesidades espirituales que impulsan a atravesar el siguiente nodo (o nivel). Este viaje también se conoce como el Camino de la Serpiente y trata sobre el retorno a lo divino. Del mismo modo, en las cartas del tarot, los arcanos mayores tratan del viaje del Loco, y los 22 caminos del Árbol de la vida ofrecen otras perspectivas. Esta interpretación es similar a la filosofía de *Labyrinthos* y trata de la iluminación espiritual en términos alegóricos.

Los cuatro mundos y el tarot

Los cuatro mundos cabalísticos corresponden con una letra del nombre de Dios y representan un palo de los arcanos menores en la baraja de tarot. Estos cuatro mundos se relacionan entre sí y sus nodos entrelazados representan un vínculo entre el mundo material y el divino. Esta representación estructural se denomina «Escalera de Jacob» y se interpreta como una escalera espiritual que conduce directamente a los cielos. Los arcanos menores son una representación simbólica de estos mundos (cuatro en total), mientras que los pentáculos o elemento de la tierra se encuentran en la parte inferior de la escalera. La parte superior representa los bastos y el fuego.

Los 10 poderes divinos o *Sefirot*

Los diez nodos del Árbol de la vida representan diferentes aspectos de Dios, la psique del ser. Se conocen como las *Sefirot*, *Sephiroth* o *Sephirah* en la Cábala. Dado que la parte superior del Árbol de la vida es el punto más cercano a Dios y la parte inferior está más cerca de una manifestación de nuestro mundo material, es útil visualizar las *sefirot* como un montón de espejos que reflejan la luz divina de arriba a abajo. Estas cartas numeradas están relacionadas con los arcanos menores (mundo de la emanación, como principio). El viaje es hacia los dieces a través de los ases (el viaje al siguiente mundo también comienza con un as). Por ejemplo, viajamos del diez de bastos al as de copas y del diez de copas al as de espadas, o del diez de espadas al as de oros. El diez de oros es el final porque es el hogar de la materia, mientras que el as de bastos es el punto más cercano a lo divino.

La *Shekinah*

La *Shekinah* (también conocida como Ser Sagrado) se considera la llama gemela del Espíritu Santo y representa el aspecto femenino de la partícula divina, Dios o la energía de la creación. Existe como una «esencia» en lugar de un ser, pero también posee la capacidad de manifestarse de diferentes maneras incomprensibles para la humanidad. En los evangelios gnósticos se la denomina también Sofía Cristo y se la reconoce en el judaísmo. Según la tradición, es una poderosa voz femenina y está ahí para aportar equilibrio e igualdad y alejar al mundo de una imagen totalmente masculina de Dios. La actualización de una divinidad femenina a través de las ilustraciones simbólicas de la *Shekinah* es un logro significativo de la Cábala.

En el tarot, el concepto de *Shekinah* es multifacético y tiene muchas capas de complejidad e interpretaciones significativas. A veces se considera que la *Shekinah* es la Luna y se atribuye a la letra «*Tau*», mientras que en otros casos se piensa que es el primogénito Metatrón. También se cree que vive en el cuerpo o cosmos de los cabalistas, que funciona como el carro de la *Shekinah*. Además, la Papisa o Suma Sacerdotisa se asocia a menudo con la *Shekinah*, pero esa es solo una interpretación.

El *Mekravah* pre-cabalístico

Ahora que hemos discutido varios aspectos que interrelacionan la Cábala con el tarot, otro punto fascinante es el *Mekravah* (también conocido como *Merkabah* o *Merhavah*), que es una forma de misticismo y una famosa escuela de misticismo judío temprano. La principal literatura del *Merkabah* se remonta al periodo 200-700 de la era cristiana, y los relatos tratan de la ascensión al Trono de Dios y otros palacios celestiales. *Maaseh Merkabah* (traducido como «trabajo del carro») fue un nuevo nombre para el texto *Hekhalot*, que descubrió Gershom Scholem. En el texto, el concepto de viaje al *hekhal* divino celestial es una espiritualización de las peregrinaciones al *hekhal* material (terrenal). Puede considerarse una forma de misticismo judío pre-cabalístico, que trata de las posibilidades de viajar hacia Dios y de la capacidad de los humanos para atraer los poderes divinos hacia la tierra.

La literatura que relaciona el tarot y la Cábala es rica y tiene un misterioso aspecto ocultista. Sin embargo, en los próximos capítulos se tratarán varios detalles importantes sobre este tema.

Capítulo 3: El misticismo judío en la teoría y en la práctica

Como ha leído en el capítulo anterior, el misticismo judío (o Cábala) representa un extraordinario conjunto de creencias con tradiciones y enseñanzas que difieren radicalmente de otras escuelas místicas. La Cábala y sus prácticas no solo son consideradas por sus seguidores como una parte esencial de la Torá, sino que también les permite participar en experiencias sobrenaturales. Estos viajes influyen en la vida de los místicos y les permiten cambiar su rumbo si así lo desean. El conocimiento que buscan parte de la premisa de que la verdad descubre los secretos de la vida. La capacidad de un místico para afirmar la verdad y vivir en ella dentro de sus posibilidades se desarrolla con una práctica rigurosa, y todo comienza con el Libro de la creación.

Sefer Yetzirah

Parte del deseo de un místico de establecer una relación con el creador es la necesidad de comprender las múltiples capas de la verdad. El *Sefer Yetzirah* (también conocido como el Libro de la creación) es una antigua obra mística judía que describe cómo se formó el universo. En sus breves y un tanto misteriosos pasajes también se encuentran indicaciones para una práctica meditativa que ayuda a establecer una conexión con el creador. No está claro cuándo o dónde se escribió el libro, ni si tuvo uno o varios autores. El *Sefer Yetzirah* abrió un camino hacia la tradición y la práctica mística judía contemporánea gracias a su forma única de estructurar la sabiduría cabalística. Una de las principales características del libro es su capacidad de relación. Incluso aquellos cuya visión del mundo y creencias difieren de la comprensión cabalística tradicional pueden aprovechar sus enseñanzas.

Según el *Sefer Yetzirah*, Dios creó el universo combinando 32 caminos diferentes de sabiduría. Veintidós son letras del alfabeto hebreo, presentes en el tejido de la existencia, mientras que las otras diez proceden de las intenciones creativas de Dios. Estas últimas también se conocen como *sefirot* y representan las dimensiones físicas del universo. Como hay diez dimensiones, también hay diez marcos diferentes en los que se puede desarrollar el proceso de creación. Las *sefirot* tienen dos listas: una que representa la cuestión dimensional dentro del universo y otra que trata de las sustancias elementales.

La capacidad del *Sefer Yetzirah* para conducir a su lector al estudio del universo físico es muy práctica. A diferencia de otras enseñanzas que se centran en un dominio oculto y místico, este libro muestra y explica la multitud de reinos del cosmos disponibles para explorar. Los místicos pueden interactuar con el *Sefer Yetzirah* de dos maneras: pueden absorber el significado de las letras individuales una por una durante la meditación o utilizar un ejercicio de enfoque del pensamiento para explorar las diez dimensiones de forma individual.

Sefer Ha-Zohar

El *Sefer Ha-Zohar* (o Libro del resplandor) es otra obra muy conocida de la literatura cabalística, útil tanto para los estudiosos como para los místicos. Según el misticismo judío, el *Sefer Ha-Zohar* fue revelado por Dios al profeta bíblico del Antiguo Testamento, Moisés, en el monte Sinaí. Al principio, su contenido se transmitía oralmente de una generación a otra, hasta que el rabino Shimon bar Yohai escribió las enseñanzas en torno al siglo II. Sus temas giran en torno a la creación del universo y la naturaleza del propio creador. Al igual que el *Sefer Yetzirah*, describe la relación de Dios con su creación a través de las *sefirot* y la revelación de la Torá. Los números, las letras y las palabras también representan los principales bloques de construcción. Sin embargo, la enseñanza del *Sefer Ha-Zohar* también incluye conocimientos sobre el mal, el pecado, el exilio, los mandamientos, el antiguo templo judío, sus sacerdotes y las oraciones que instan a los seguidores a practicar. El libro proporciona a los místicos la libertad de viajar a través de la historia y de su propia imaginación, explorando los misterios de la Torá y mucho más. Esencialmente, su propósito consiste en revelar el significado secreto de la Torá.

Las diez *sefirot* son las expresiones de la naturaleza de Dios, pero también sirven como guía para el viaje espiritual. Al convertirse en un místico, puede utilizarlas para establecer una conexión espiritual con Dios, el objetivo último de la Cábala. El *Sefer Ha-Zohar* sugiere realizar las contemplaciones espirituales durante la noche, porque esto promueve el flujo de los procesos creativos y observar los procesos del mundo físico y del reino divino. Recitar oraciones, meditar o estudiar el misticismo durante la noche le llevará mucho más cerca de Dios. Además, las formas literarias del *Sefer Ha-Zohar* representan las colecciones más extensas de las tradiciones cabalísticas. Esto da a quienes buscan la iluminación espiritual una oportunidad sin igual para estudiar extensamente y desarrollar sus prácticas cabalísticas personales. Después de todo, el propio libro describe la obtención de conocimiento como la forma más elevada de conexión con Dios.

Prácticas místicas de la Cábala

La tradición cabalística es una rica fuente de prácticas místicas judías, rituales y oraciones. La mayoría de ellas están relacionadas con la búsqueda de una unión con el creador, mientras que un pequeño porcentaje están asociadas con el tarot directa o indirectamente.

Contar el *Omer*

Una de las prácticas rituales más conocidas del misticismo judío es la «Cuenta del *Omer*» (también conocida como «*Sefirat ha Omer*»). Su importancia radica en su historia y en el poco esfuerzo que requiere su realización, incluso para los principiantes. Esencialmente, la práctica cuenta los pasos que marcan el viaje de 49 días del pueblo judío, empezando por el segundo día de la Pascua y terminando el día antes de *Shavuot*. Según esta religión, el día cincuenta Dios entregó la Ley a Moisés. Para los cristianos, este acontecimiento es conocido como Pentecostés. Los primeros 49 días se identifican por sus números, y se dice una bendición diaria cada día.

Esta práctica tiene su origen en una enseñanza de la Torá según la cual el pueblo debe marcar el tiempo entre la cosecha de cebada y la de trigo ofreciendo paquetes de grano. La palabra *omer* puede traducirse como «paquete», pero solo se refiere a estas ofrendas. En la antigüedad, la gente cogía un paquete de cebada en cuanto empezaba a recogerla y la llevaba al templo para expresar su gratitud por la abundante cosecha. Continuaban trayendo las ofrendas hasta que no quedaba cebada para cosechar. Según la Torá, duró 49 días (o siete semanas completas). En el día 50, se les ordenó presentar una nueva ofrenda de comida a Dios, y ese fue el día en que comenzaron a llevar trigo.

Otra interpretación significativa del conteo está relacionada con la liberación del pueblo judío de la esclavitud en Egipto. La Pascua marca la fecha de inicio del proceso de liberación, mientras que *Shavuot* representa la culminación de los acontecimientos. La cuenta atrás hasta *Shavuot* sirve para recordar el tiempo que tardó el pueblo judío en despertar de una mentalidad esclava y convertirse en una comunidad autónoma.

Los rabinos judíos conservaron la obligación de contar. Hoy en día, las personas que viven en grandes comunidades inician el proceso en la segunda noche de *Pésaj*, mientras que las de la diáspora lo integran en el segundo *seder*. El recuento se considera válido solo si se hace siguiendo unos principios fundamentales:

- El recuento se realiza cada noche después de la puesta de sol, ya que es el momento en que comienza el día según la costumbre judía.

- No deben pasar más de 24 horas entre dos sesiones de recuento. Saltarse un día en el recuento disminuye las bendiciones para el resto de los días.

- La bendición debe preceder siempre al recuento, por lo que es mejor decir el *omer* cuando se ha terminado con el resto del ritual.

La buena noticia es que cualquiera puede contar los días, independientemente de su experiencia con la mística judía. Si por casualidad comienza su viaje de exploración de la Cábala justo en torno a la Pascua, no dude en realizar la práctica. Al iniciar la cuenta, debe comenzar con la siguiente bendición:

«Barukh ata Adonai Eloheinu Melekh ha'Olam asher kid'shanu b'mitzvotav v'tizivanu al sefirat ha'omer».

En español: *«Bendito seas, Adonai nuestro Dios, Soberano del universo, que nos has santificado con tus mandamientos y nos has ordenado contar el omer».*

Después de recitar la bendición, se debe decir el día apropiado de la cuenta, así:

«Hayom yom echad la'omer»

En español: *«Hoy es el primer día del omer».*

Al llegar al séptimo día, también debe incluir el número de semanas que ha contado. Por ejemplo, si está en el día 13:

«Hayom sh'losha asar yom, she'hem shavuah echad v'shisha yamim la'omer».

En español: *«Hoy son 13 días, que es una semana y seis días del omer».*

También puede comenzar el proceso con una mediación que le ayude a concentrarse en la intención de cumplir el mandamiento de la Torá. Muchos místicos encuentran este ejercicio útil en sus devociones, ya que les permite mantener siempre sus pensamientos en la tarea que tienen entre manos. También puede ser útil identificar cada semana con una cualidad diferente (humana o divina), y cada día con una representación específica de las mismas. Esto convierte la práctica en un viaje espiritual en el que se puede reflexionar sobre diferentes cuestiones morales después de cada semana.

La práctica de la cruz cabalística

Como rutina fundamental en la Cábala, la práctica de la Cruz cabalística es una gran manera de atraer el poder espiritual, tanto si está al principio de su viaje místico como si ya lleva tiempo practicando. Utilice su cuerpo y su mente para mostrar devoción al espíritu divino y alinearse con su propósito. El ejercicio también es beneficioso para fortalecer el equilibrio y la compostura, sobre todo si se realiza a diario durante varias semanas. Incluso puede utilizarlo como una forma de meditación para enfocar sus pensamientos en una intención específica que le ayude a alcanzar sus objetivos.

Sin embargo, la práctica de la Cruz cabalística forma parte de un extenso ritual. Hay dos formas diferentes de realizarlo. La primera se realiza en la etapa inicial de un ritual para invocar al espíritu divino. La segunda se realiza después de la ceremonia y honra el poder divino y las bendiciones recibidas durante el ritual.

Si quiere realizar la Cruz cabalística en solitario, es recomendable que opte por la primera versión. Esta comienza con usted de pie mirando hacia el este, y relaje naturalmente las manos a los lados. Visualice el cielo como un vasto océano llamado *Ain Soph Aur*. Está lleno de luces blancas incandescentes y llega más allá del horizonte.

Los ejercicios de respiración profunda también ayudarán, así como levantar las manos por encima de la cabeza. Asegúrese de que las palmas de las manos apuntan hacia su cabeza y los dedos están extendidos hacia arriba, y luego recite lo siguiente

«¡En tus manos, oh inefable!».

A continuación, debe imaginar las luces del océano formando una esfera sobre su cabeza y empezar a bajar lentamente la mano hacia la frente. Al exhalar, debe ver que la luz desciende también, llegando a su cabeza justo cuando toca su frente.

En este punto, diga la palabra *«Es»* y concéntrese en visualizar el haz de luz bajando hacia el centro de su cuerpo. Con la mano derecha, debe seguir la trayectoria hasta que sus dedos apunten a sus pies, donde debe ver un segundo rayo de luz formándose en sus tobillos.

Ahora, diga las palabras *«El Reino»* mientras mueve su mano derecha hacia su hombro derecho, en donde verá la tercera esfera de luz mientras dice *«El Poder»*.

Luego, mueva su mano derecha hacia su hombro izquierdo, atrayendo la luz hacia él, permitiendo que viaje a través de su cuerpo mientras recita:

«Y la Gloria».

Ahora, coloque ambas manos sobre su corazón, formando una copa con ellas, y diga:

«Por siempre y para siempre».

Por último, enfoque su atención en el primer haz de luz que aún brilla sobre su cabeza y deje que sus brazos caigan hacia los lados mientras dice:

«Amén».

La segunda versión no se utiliza fuera de los rituales cabalísticos, aunque no es tan diferente de la primera. Empiece por ahuecar las manos delante del corazón mientras visualiza una esfera de luz en ellas. Levante las manos por encima de la cabeza hacia el *Ain Soph* y diga:

«Sobre mi cabeza brilla tu gloria, oh inefable».

Bajando la mano izquierda, continúe:

«Y en tus manos».

A partir de este punto, el ritual continúa de la misma manera que en la primera versión.

Como a los humanos les resulta a menudo imposible conjurar esta imagen, tendrá que practicarla unas cuantas veces. Dicho esto, incluso intentar visualizar la existencia de este reino infinito es un ejercicio espiritual beneficioso. Una vez que se sienta cómodo con este ejercicio y haya adquirido cierta destreza en la visualización, puede pasar a aprender prácticas más complejas, como el Ejercicio del Pilar Medio.

El Ejercicio del Pilar Medio

Diseñado para promover el equilibrio del cuerpo, la mente y el alma, el ejercicio del Pilar Medio prepara a los seguidores para las prácticas espirituales avanzadas. Normalmente, este ejercicio se realiza después de completar la Cruz Cabalística. Comience visualizando la esfera de luz que penetra en la coronilla. Luego, respire profundamente y exhale de forma prolongada. Durante esta exhalación, concéntrese en imaginar la luz de una columna mientras viaja por su cuerpo, descendiendo hacia su garganta, donde forma otro orbe. Desde allí, viaja hacia el pecho, extendiéndose en otra esfera alrededor del corazón.

Debe respirar profundamente de nuevo y repetir la exhalación y visualización, viendo que el proceso se repite de nuevo en las zonas inferiores de su cuerpo hasta que la columna de luz llegue a sus pies. Cuando sienta que la luz le envuelve los tobillos, dirija su atención a la visualización de la esfera sobre su cabeza. Concéntrese en esta luz cada vez más brillante mientras aguanta la respiración durante un par de segundos. Esto le permitirá sentir la presencia del espíritu divino y conectar con él, incluso si es un principiante.

Cuando esté listo para pasar a la siguiente respiración, puede dirigir su atención al siguiente orbe alrededor de su garganta. Esto se llama *Da'ath*: le ayuda a ponerse en sintonía con lo divino y facilita su conexión. Después de un poco de práctica, podrá ver cómo se convierte en una luz gris y se enciende cuando le habla. Pasando a la siguiente fuente de luz, la esfera de *Tipareth*, puede ver cómo adquiere un tono dorado. La luz situada en la parte inferior del cuerpo se llama *Shaddai El Chai* y debe visualizarla de un profundo color púrpura. Por último, el orbe situado en sus pies debe adoptar los colores del cielo o de la tierra, variando desde el turquesa hasta el rojizo e incluso el negro. Esta es la última luz, que se centra en el pilar central: su cuerpo.

Una vez que visualice todas las luces, debe permanecer inmóvil durante unos minutos. Es conveniente que mantenga esta posición durante todo el tiempo que pueda concentrarse en imaginar el pilar central. Intente mantener en su mente la imagen de todas las esferas alrededor de la columna central de luz durante todo el tiempo que pueda. Esto es especialmente importante para los principiantes, ya que les ayuda a mejorar sus habilidades de visualización. También le permite sentirse físicamente cómodo con este y otros ejercicios exigentes similares. Como principiante, debe concentrarse en mantener las esferas en su mente, pero pronto tendrá que pasar a conectar con ellas a un nivel más profundo. Al concentrarse en su significado, desarrollará un sentido de cómo están construidas y su propósito en este universo. Al fin y al cabo, su realidad es lo que contiene la clave para alcanzar las fuerzas divinas que busca en su práctica mística o de otro tipo.

La tradición de *Tikkun Chatzot*

Al igual que muchas otras costumbres cabalísticas, el *Tikkun Chatzot* se asocia con la capacidad atmosférica de la noche para traer profundas transformaciones a la vida. El ritual consiste en rezar, estudiar la Torá y meditar desde la medianoche hasta el amanecer. Esta práctica se remonta a la época del rey David, cuando la importancia de levantarse antes del amanecer era predominante entre los místicos judíos. Se cree que las horas de oscuridad amplifican las luces interiores, señalando si alguien necesita rectificar algo en su alma, enmendar errores o ver el camino hacia la conciencia divina. Además, los místicos judíos creen que las horas previas al amanecer son el mejor momento para enfrentarse a las fuerzas espirituales y realizar rituales de curación.

Comience el ritual diciendo las bendiciones matutinas introductorias poco después de despertarse. Después, debe sumergirse en una *mikve* (baño ritual), luego ponerse un saco alrededor de la cintura, coger un montón pequeño de cenizas y sentarse en el suelo cerca de una puerta. A continuación, póngase un poco de ceniza en la frente y empiece a recitar un verso de la liturgia *Tikkun Chatzot*. Cada uno es libre de elegir sus propias bendiciones y versos de acuerdo con sus propias creencias. La liturgia también está diseñada para acercar su alma a la presencia divina, por lo que es bueno elegir un verso que sienta que le acercará a este objetivo. Cada texto está vinculado a un ejercicio de meditación específico, y los practicantes eligen según la técnica que más les ayuda a concentrarse.

Cuando haya terminado de estudiar el texto, puede recitar oraciones personales, poemas y meditaciones. También puede sumergirse en los estudios posteriores de la Cábala y familiarizarse con el *Zohar*, la *Mishnah* o los *Escritos del Ari*. Esto le ayudará a conectar con el creador y al fortalecer su afinidad con él, se capacitará para lograr un estado mental perfecto.

Otras tradiciones cabalísticas

Como ya se ha mencionado, los místicos prefieren hacer ejercicios de atención plena antes de realizar cualquier otro acto cabalístico. Todo puede incorporarse a los rituales, desde simples técnicas de respiración hasta la meditación o ejercicios como el yoga. Algunos de ellos pueden realizarse durante el mismo ritual. Por ejemplo, la técnica de meditación de conteo alternativo incluye contar cada noche con un rosario mientras se medita en la presencia divina de la *Shekinah.* Los actos místicos relacionados con el tarot se tratan en otros capítulos de este libro.

Capítulo 4: Representaciones del tarot en el Árbol de la vida

En lo que lleva de este libro, ha aprendido que el tarot es parte de un sistema único y esotérico que se entrelaza a la perfección con la astrología y la Cábala, contribuyendo a un sistema mayor de comprensión de nosotros mismos y del mundo que nos rodea. Este capítulo se centra en el Árbol de la vida. Lo estudiaremos para entender su significado preciso y cómo puede aplicarse prácticamente al arte del tarot. Dicho de una manera sencilla, el Árbol de la vida simboliza la relación de la humanidad con lo divino en el gran esquema de las cosas. Debido a su naturaleza simbólica, las cartas del tarot se pueden utilizar fácilmente como medio seguro y eficiente para la comprensión de la vida y el lugar de cada uno dentro de ella.

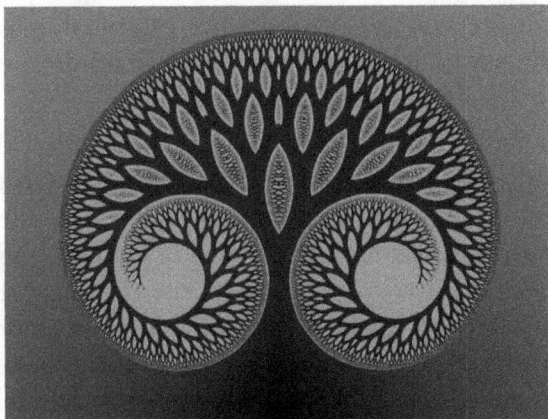

La aplicación práctica de este conocimiento puede parecerle abstracta y confusa en este momento, lo cual es comprensible. El resto de este capítulo le ayudará a entender cómo el tarot y el Árbol de la vida están conectados y cuáles son las mejores maneras de honrar esta relación espiritual en su vida diaria.

¿Qué es el Árbol de la vida?

Antes de entrar en cómo el tarot y la comprensión del Árbol de la vida pueden mejorar la práctica de la Cábala, vale la pena hacer una pausa para explicar claramente qué es el Árbol de la vida y lo que representa simbólicamente. En resumen, el Árbol de la vida es un diagrama visual que ilustra las leyes de la realidad tal como se aplican al reino metafísico. Como un fractal, el Árbol de la vida es una representación eterna del principio divino, tanto en el microcosmos como en el macrocosmos. Reside dentro de cada uno, y cuando se pone a la humanidad en conjunto, se forman las ramas del árbol.

Esta interconexión está representada además por los caminos sinuosos que recorren cada rama y las raíces, que ilustran cómo el espíritu y la energía pueden viajar para manifestarse en la materia. Si se sigue el camino del Árbol de la vida hacia abajo, se encuentran otras representaciones visuales de la existencia en el reino material, como el cuerpo y el subconsciente. En la parte de arriba del árbol se encuentra la fuente divina del alma y los seres superiores. El Árbol de la vida es reconocido como el plano de la creación, y es una rica metáfora de la profundidad y complejidad de nuestras vidas.

Merece la pena profundizar en el hecho de que el Árbol de la vida en la Cábala posee una estructura de diez *sefirot* dispuestas en tres pilares. Las *sefirot* son un tipo de luz espiritual que emana del creador. Contienen las leyes que rigen la totalidad de la creación, por lo que todo emana de esa estructura base.

Cuando se ilustra en forma de diagrama, el Árbol de la vida se compone por diez nodos diferentes y veintidós caminos conectados a ellos. La forma en que se comunican entre sí revela diferentes cosas sobre cada uno, la relación con quienes le rodean y el destino. El Árbol de la vida es un tema profundamente complejo dentro de los estudios ocultistas y la Cábala, y este capítulo es limitado para hacer justicia a los intrincados significados que tiene. Por eso, la discusión se centra estrictamente en la aplicación del conocimiento del Árbol de la vida a los estudios del tarot y las mejores maneras de enriquecer la comprensión de lo divino de acuerdo con las habilidades de cada uno.

Comprender las conexiones

Algo útil para empezar es ilustrar cómo el Árbol de la vida se conecta con las diez cartas menores y cómo estas, a su vez, se relacionan con el *sephira* del Árbol. Cada carta significa el final de un evento, empresa o ciclo de vida. En efecto, representan tanto los nuevos comienzos como los finales, indicando la naturaleza circular de la vida. Cada una de las diez cartas en las que nos centramos aquí incluye la culminación de varias lecciones de vida e hitos importantes que pueden recordarse para iluminar el punto de vista del usuario. Así que, sin más preámbulos, nos centraremos en la *sefirá* que encierra el Árbol de la vida y señalaremos las características únicas de cada una.

Keter

Keter es la primera *sephira*. Su nombre significa «corona» y simboliza la voluntad divina del Creador. Es la *sefirá* más alta y abarcadora del Árbol de la vida, ya que la corona se encuentra en la parte superior de la cabeza. En el tarot, se representa típicamente en la carta del as, y los términos que más llevan al Keter son: «más cercano a Dios», «unidad», «fuente eterna», «pureza» y «potencial».

Además, el Keter está enraizado justo por encima de la Naturaleza Divina del Creador, lo que lo hace incomprensible para el hombre. A menudo se plantea en los estudios de la Cábala que esta naturaleza incognoscible hace que la voluntad del Creador sea la más oculta de todas las cosas ocultas para nosotros en el universo. Y, dado que Keter representa la perfección por su proximidad al Creador, no existe absolutamente ningún defecto en esta *sefirá*.

Hokma

Hokma es la segunda rama más importante del Árbol de la vida. Se encuentra en la línea superior derecha de las *sefirot* y se dirige a Keter. La palabra en hebreo significa sabiduría. Como reside en la línea derecha del árbol, pertenece a la agrupación del Pilar de la Misericordia de esa *sefirá*.

En la tradición de la Cábala, el arcángel Raziel está a cargo de Hokma y, según varios textos teológicos, se le atribuye la escritura del libro de Raziel el Ángel. Esta obra fundamental explica todos los secretos divinos de los mundos celestial y terrenal. En los relatos populares que detallan la redacción del libro, se dice que Raziel estaba cerca del trono de Dios, lo que le permitía escuchar todo lo que allí se decía. Raziel podía entonces plasmar en el papel todas las ideas que había recogido, y gran parte de sus escritos trataban sobre la energía creativa, el proceso intelectual y la conexión con el reino espiritual, culminando en la acción en el reino físico. El Libro de Raziel el Ángel es considerado como uno de los textos centrales de la religión de la Cábala, y los estudiantes devotos repasan sus verdades con avidez.

Cuando se trata del tarot, la naturaleza dual de Hokma se invoca a través de una carta multicolor. Como se le considera el conductor central y el sostenedor de la vida, se le da una identidad andrógina que se inclina hacia el lado masculino de la escala. Por último, en la imagen detrás del adagio «hágase la luz» se ve emerger de la Hokma, lo que subraya aún más su representación visual popular.

Binah

La tercera *sephirah* es Binah, que se encuentra justo debajo de Keter y al otro lado de la Hokma.

Binah significa en hebreo «entendimiento», y la rama se encuentra precisamente en el lado izquierdo de las *sefirot*. Se considera que la Binah es la imagen especular de la Hokma. La primera es una comprensión más intuitiva del mundo a través de la contemplación meditativa, mientras que la segunda es el conocimiento duramente ganado y buscado de los planos espiritual y físico. Cuando se combinan, ayudan a dar forma al espíritu de la Divinidad.

Otra forma en la que Binah puede verse como la imagen del espejo de Hokma es que la primera se representa en forma femenina, mientras que la segunda se considera principalmente poseedora de energía masculina. Además, Binah se asocia a menudo con la ética del arrepentimiento, o un intento de conectar profundamente con el Creador, reconociendo las propias deficiencias en la comprensión del funcionamiento interno del mundo. El arcángel Jehová Elohim preside Binah, y se representa en el tarot a través de la carta de la sacerdotisa o de asociaciones con diosas y figuras femeninas importantes como Isis, Deméter, Juno o la Virgen María.

Hesed

La cuarta *sephirah* del Árbol de la vida, situada en la tercera rama del lado derecho, es Hesed. La palabra significa «misericordia», pero también se conoce como «El Poderoso». Esta parte de la *sefirá* también se relaciona con el intelecto, justo antes de entrar en el lado más emotivo y emocional del árbol. El arcángel Zadkiel está asociado a Hesed, ya que es el ángel de la misericordia. El nombre de Zadkiel significa en hebreo «justicia de Dios», lo que resulta muy apropiado, ya que su función en las Escrituras, por no hablar del papel de esta *sefirá* en particular, consiste en asegurar a quienes han hecho algo malo que pueden encontrar el perdón. Dios se preocupa y es misericordioso con ellos, siempre que confiesen y se arrepientan de sus pecados. Este es el papel que desempeña Zadkiel, ya que anima a buscar el perdón que el Creador ofrece generosamente, independientemente de las heridas o agravios que se puedan haber causado. Esta *sefirá* también se considera especialmente poderosa por su capacidad para curar las cicatrices emocionales y librar a las personas de sus recuerdos dolorosos.

Hesed se asocia con los principios del amor y la bondad y, como se ha mencionado anteriormente, representa la conexión entre los atributos intelectuales y los más emocionales de las *sefirot*. En el tarot, Hesed está representado por el elemento agua y alguna figura etérea, a menudo mostrada como un rey sentado en un trono de zafiro. Otros símbolos incluyen un caballo, un unicornio, un orbe, una varita o un cetro.

Geburah

Geburah es la quinta *sefirá* del Árbol de la vida, tres ramas más abajo de Keter y a la izquierda de las *sefirot*. Geburah significa «fuerza» y, en términos más generales, se utiliza para representar al «Todopoderoso». El arcángel de Geburah es Camiel, que también es conocido como el ángel de las relaciones pacíficas. Se anima a las personas a acudir a Camiel cuando buscan el amor incondicional o necesitan encontrar la paz interior. También sacan fuerzas de la capacidad del arcángel para resolver conflictos y perdonar a quienes les han hecho daño. Geburah es la *sefirá* de la armonía y otorga a las personas la fuerza para superar los obstáculos y conectarse en niveles más profundos. La mayoría de las representaciones visuales en el tarot consisten en un corazón, ya que Geburah también representa el amor, y los vibrantes colores rosa y rojo se relacionan con su intensa energía.

Tiphareth

Tiphareth está en el centro del Árbol de la vida. Es el corazón palpitante que conecta todas las ramas. También es la sexta *sefirá*. La palabra *Tiphareth* significa en hebreo «belleza», y en los textos teológicos se hace referencia a la *sefirá* como «Dios manifestado». Tiphareth se representa por el arcángel Rafael, que trabaja para curar el dolor físico que se siente a causa del dolor emocional. Dado que esta *sefirá* junta todas las ramas del árbol (los aspectos emocionales, intelectuales y físicos), trabaja para crear autonomía espiritual y física. Dado que el cuerpo, la mente y el espíritu están intrínsecamente conectados y funcionan juntos como un todo, cualquier factor de estrés o sensación de miedo que se experimente afecta y puede manifestarse como una lesión física. Por lo tanto, se puede recurrir a Tiphareth y al Arcángel Rafael siempre que se necesite curación. En el tarot, las cartas que representan la ciencia, el placer o la victoria corresponden a Tiphareth.

Netzach

La séptima rama, situada hacia la parte inferior del Árbol de la vida, a la derecha de las *sephiroth*, es Netzach. Significa en hebreo «Eternidad» y a veces también se le llama «Señor de los Ejércitos». Se cree que el arcángel Jehová Sabaoth es el progenitor de este concepto de eternidad. Dada la posición del Netzach dentro del Árbol de la vida (justo en la base del mencionado «Pilar de la Misericordia», situado justo debajo de Chesed y Hokma), en el contexto de la Cábala, Netzach se refiere a la victoria y la resistencia, así como al infinito.

También forma parte de la *sephirah* relacionada con la intuición, la sensibilidad y los sentimientos. Su representación visual en el tarot funciona a través de las fuerzas de la naturaleza con los colores azul, oro, oliva y verde esmeralda utilizados para connotar su aura.

Hod

La octava rama del lado izquierdo del Árbol de la vida, Hod, significa gloria en hebreo. El arcángel Rafael está asociado con esta *sephirah*, y se le suele llamar el ángel de la curación. El Hod es también el «Dios de las Huestes» en la Cábala, ya que tiene cuatro caminos hacia las *sephiroth* mayores: Tiphereth, Netzach, Hesed y Geburah. El Hod es una fuerza que descompone la energía en diferentes formas. Se asocia principalmente con el brazo intelectual de las *sephiroth*, que encarna el aprendizaje y el ritual. En el extremo opuesto se encuentra la *sephirah* Netzach, un poder energético utilizado para superar las barreras y las limitaciones. También se asocia con las emociones, la pasión, la música y la danza.

Yesod

Yesod es la novena rama y reside en el centro del Árbol de la vida. La palabra significa «el fundamento» en hebreo y también se le conoce como el «Poderoso Viviente». Yesod está representado por el arcángel Gabriel, que es el patrón de la comunicación, ya que es el principal mensajero de Dios. En las diferentes religiones monoteístas, el ángel Gabriel aparece entregando importantes mensajes de Dios a la humanidad, por lo que se anima a la gente a rezarle cuando necesita conectar con otros o buscar información.

En el contexto de la Cábala, Yesod es la base sobre la que el Creador construyó el mundo. Esta *sephirah* también sirve como transmisora entre los que están justo por encima de él y los vectores de realidad que están justo por debajo. Debido a esto, Yesod también es considerado el conducto de la energía sexual, que permite a los humanos comunicarse con la tierra e interactuar con la divinidad. El poder unificador de Yesod se capta sobre todo a través de los vibrantes colores púrpura, índigo y violeta.

Malkuth

El Malkuth es la décima *sefirá* del Árbol de la vida. Está situado en la parte inferior, por lo que actúa como contrapunto de Keter, situado en la corona. *Malkuth* significa en hebreo «el reino» y también se le llama «Señor de la Tierra». El arcángel Sandalphon cuida la tierra, escucha las oraciones del pueblo a Dios y trabaja para dirigir la música en el cielo. Algunos expertos en teología creen que Sandalphon fue el profeta Elías antes de convertirse en ángel. Se considera que inspira a la gente a alabar a Dios de forma creativa, ya que hay una parte de su esencia central que está conectada a la tierra y a los humanos.

En la Cábala, Malkuth se considera la fase final de la manifestación activa. Debido a esta *sefirá*, estamos arraigados en el reino físico y continuamos con nuestra vida diaria mientras miramos hacia las otras ramas del Árbol de la vida. Todos los ejercicios espirituales están enraizados y asegurados en Malkuth, y sería imposible conectar con otros reinos sin reconocer primero los cimientos de la tierra. En el tarot, las cartas Diez de copas, Diez de espadas y Diez de bastos pertenecen a esta *sephirah* y expresan mucho de lo que puede ocurrir en él.

Prácticas meditativas y el Árbol de la vida

Hay varias maneras de meditar dentro de la tradición de la Cábala utilizando las *sefirot* como guía. No se puede señalar ninguna forma como la mejor, pero hay algunas meditaciones populares que se pueden practicar y que se centran en invocar los nombres divinos de las *sefirot*. Por lo general, la meditación consiste en repetir los nombres de cada *sefirá*, alternando con una secuencia de letras hebreas. Esta práctica ayuda a centrar el espíritu y enseña al individuo a probar diferentes técnicas de respiración.

La mejor manera de hacer esta meditación es repetir el nombre divino de cada *sephirah* (Malkuth, Keter, Yesod, Geburah, etc.) seguido del conjuro de varias letras hebreas. Haga una pausa de vez en cuando para probar varios estilos de respiración y notará que la interpretación de lo que ocurre en el cuerpo o la mente durante la meditación varía con el tiempo. A veces, esta meditación ayuda a calmar la mente, a aliviar el estrés y a permitirle sentir y experimentar lo divino. En otros casos, produce un efecto calmante en los síntomas físicos de la ansiedad, permitiéndole frenar un poco y darse la oportunidad de contemplar los secretos del reino espiritual.

Los practicantes de la Cábala atribuyen gran parte del desarrollo espiritual a la recitación de los nombres sagrados y a ver y mantener el Árbol de la vida en el ojo de la mente. Aunque algunas de las prácticas meditativas están muy intelectualizadas en la Cábala, es totalmente posible dar forma libre a la tradición y crear algo único para usted, siempre que, por supuesto, comprenda plenamente el Árbol de la vida, la intrincada historia de cada una de sus ramas vitales y su lugar dentro de la religión.

Las energías creativas y el Árbol de la vida

En resumen, el Árbol de la vida ilustra cómo el Creador expresa su energía creativa en todo el universo, a través de los ángeles primero y de los seres humanos después. Cada una de las ramas del árbol (o *sefirot*) simboliza una fuerza vital creativa que un arcángel singular supervisa. Los seguidores de este sistema creen profundamente que centrarse en una de estas energías a la vez permite desarrollar una unión espiritual más estrecha con la Divinidad y proporciona una comprensión más cercana de cómo operan algunos de los aspectos más misteriosos del universo. Luego, la práctica meditativa puede profundizarse recordando la naturaleza singular de cada una de las ramas y su relación con un plano metafísico o espiritual. Por supuesto, el tarot en la Cábala juega un papel central en estas prácticas meditativas, que implican el asentamiento de la mente y la visualización. Esta comprensión, una vez dominada, proporcionará una riqueza de curación que puede ser especialmente poderosa durante los momentos difíciles.

Capítulo 5: Interpretación de los arcanos mayores

En la Cábala, el camino colectivo de los arcanos mayores también se conoce como el Viaje del Loco, e ilustra el descenso a Malkut y la continuación del camino propio hacia la luz. Cada uno de los 22 caminos de los arcanos mayores está vinculado a una letra del alfabeto hebreo, y cada una de estas letras da un significado más profundo a las cartas.

Este capítulo repasa las cartas individuales, describiendo cada una de sus interpretaciones cabalísticas detalladamente, y le proporciona una mejor comprensión de cómo están relacionadas con el Viaje del Loco. Trabajar con los arcanos mayores combinados con el Árbol de la vida cabalístico da una visión más profunda de quién y qué es el Loco y cómo realiza el viaje. Al principio, el Loco es representado como una forma de energía cruda. A medida que recorre cada camino de los arcanos mayores, se transforma hasta alcanzar su máximo potencial. Y así como el Loco no puede saltarse ninguna parte de su viaje, usted tampoco puede hacerlo. Para desarrollar un sentido superior de la espiritualidad y evolucionar hacia la mejor versión de usted mismo, debe seguir los caminos de una *sephirah* a la siguiente.

El Loco

Letra: א (Aleph).

Camino: *Kether* (Corona) - *Chokmah* (Sabiduría).

Elemento: Aire.

La carta del Loco ilustra a una persona joven que da sus primeros pasos en el mundo. Camina sin cuidado, cargando un pequeño saco, y sin darse cuenta se dirige hacia un precipicio, donde encontrará su primer obstáculo en la vida. En su exuberante alegría, ni siquiera se da cuenta de la amenaza, o si lo hace, no le preocupa. Su única posibilidad de prevenir el peligro es prestar atención al perro que ladra a sus pies, tratando de hacerlo consciente de su entorno.

En la Cábala, esta carta se considera un símbolo de la espiritualidad infantil y le enseña a incorporar la positividad en su conciencia, independientemente de las dificultades que pueda enfrentar. El Loco corresponde al número cabalístico cero, que representa el equilibrio de todos los opuestos. Consultando esta carta durante la meditación, puede alcanzar un estado de conciencia en el que todos sus pensamientos se unan y se restaure la armonía entre lo negativo y lo positivo. Si puede dedicar unos minutos diarios a meditar sobre el Loco, todo le parecerá más luminoso.

El Mago

Carta: ב (Beth).

Camino: *Kether* (Corona) - *Binah* (Entendimiento).

Elemento: Aire.

La carta del Mago muestra una figura central que apunta al cielo con una mano y al suelo con la otra. Esto simboliza su capacidad para interpretar los mensajes del mundo humano y de los mundos que están por encima de él. Frente a él están los cuatro palos del tarot, mostrando que el Mago trabaja con los cuatro elementos cardinales. Podría indicar que tiene que poner su mente, cuerpo, alma y corazón en todo lo que hace. El símbolo del infinito en la cabeza de la figura indica los infinitos resultados posibles de las creaciones de la voluntad del Mago.

La carta del tarot del Mago le muestra que tiene el control de su destino. Su referencia cabalística es la energía más alta de la naturaleza, que es la que proviene de su propia fuerza de voluntad. Por lo tanto, si necesita orientación sobre cómo mejorar, meditar en el Mago le mostrará el camino. Antes de tomar cualquier decisión, debe practicar la autodisciplina y sus sueños se harán realidad sin demasiados contratiempos en el camino.

La Suma Sacerdotisa

Letra: ג (Gimel).

Camino: *Kether* (Corona) - *Tiphareth* (Belleza).

Elemento: Agua.

La Suma Sacerdotisa se muestra sentada en una piedra entre dos pilares del Templo de Salomón: el Pilar de la Fuerza y el Pilar del Establecimiento. También representa el tercer pilar, el camino entre las dos facetas principales de la realidad. En su cabeza lleva la corona de Isis, que indica su aptitud para la magia, mientras que la cruz solar que lleva como talismán muestra su afinidad con la naturaleza. También tiene una luna creciente a sus pies, lo que significa que tiene control sobre sus emociones.

La interpretación cabalística de la carta de la Suma Sacerdotisa la identifica como la representación de la espiritualidad y la comprensión. Aparece para enseñarle que debe dejar de lado sus miedos para alcanzar sus objetivos. A veces los miedos le impiden seguir su intuición. Otras veces, pueden hacer aflorar sus inseguridades. Debe aprender a equilibrar sus emociones y fortalezas concentrándose en la carta durante la meditación. Solo tiene que visualizarse y abrazar el camino del amor y el de la lógica, y comprometerse a respetar ambos.

La Emperatriz

Carta: ד (Daleth).

Camino: *Chokmah* (Sabiduría) - *Binah* (Entendimiento).

Elemento: Tierra.

La carta de la Emperatriz representa a la diosa de la fertilidad sentada en su trono, lista para atender a quienes necesitan su ayuda. Su expresión es amable, como la de una madre protectora. Está rodeada de una gran cantidad de elementos naturales y coloridos, incluyendo un encantador bosque verde y un río refrescante y puro. Su pelo rubio está adornado con estrellas, símbolo del gran poder místico que ejerce en el universo. Su túnica con motivos de granadas y sus cojines bordados con signos venosos ilustran su asociación con la fertilidad.

La carta de la Emperatriz no solo simboliza su figura materna interior, sino también muestra cómo se expresa la sabiduría que se recibe a través de ella. Aunque la Cábala hace hincapié en una sana dosis de autocrítica, la Emperatriz muestra el impacto negativo de su madre interior en sus pensamientos y emociones. Si quiere descubrir lo que se esconde bajo su mente consciente, medite con la carta igual que la Emperatriz, sentándose en la naturaleza y utilizando su poder curativo.

El Emperador

Carta: ה (Él).

Camino: *Chokmah* (Sabiduría) - *Tiphareth* (Belleza).

Elemento: Fuego.

La carta del Emperador muestra una figura de autoridad estoica sentada en un trono adornado con las cabezas de cuatro carneros. Tiene un cetro y un orbe en sus manos, que representan su derecho a gobernar y el reino que supervisa. El Emperador lleva una larga barba, signo de su infinita sabiduría. Su ambición, su determinación y la fuerza pura que desprende se muestran en las montañas estériles que tiene detrás. El Emperador equilibra el poder de la Emperatriz aportando ley y orden a su reino desestructurado y natural.

El Emperador puede enseñarle los elementos positivos de la vida, siempre que se acerque a ellos con sensatez. Encontrará su influencia en cada acción concreta que realice y en cada resultado tangible que consiga. También puede advertirle de no ser inflexible o ignorar sus necesidades, por lo que es bueno que preste atención a sus consejos a la hora de organizar su vida. La meditación cabalística con esta carta es una gran manera de recibir la guía del gran regente o de planificar con antelación y establecer una vida bien organizada.

El Hierofante

Carta: ו (Vau).

Camino: *Chokmah* (Sabiduría) - *Chesed* (Misericordia).

Elemento: Tierra.

Esta carta muestra una figura religiosa sentada en un entorno que recuerda a los monumentos religiosos tradicionales. Las tres vestimentas que lleva representan tres mundos, mientras que las barras horizontales de la triple cruz que tiene en su mano izquierda denotan al Padre, al Hijo y al Espíritu Santo. La mano derecha del Hierofante se levanta para bendecir a los acólitos que están sentados frente a él después de darles poder con su sabiduría y creencias espirituales.

En la Cábala, el Hierofante es la carta que trata los asuntos espirituales, a menudo en comunidades. Señala que siempre es más fácil que un grupo de personas logre un bien mayor que el individual y le insta a conectar con quienes le rodean. Si no está seguro de cómo llegar a su comunidad, debería meditar con esta carta y pedirle al Hierofante que le sirva de mentor, como hace con todos sus alumnos. Él le mostrará cómo aceptar las creencias de otras personas sin dejar de honrar sus creencias tradicionales.

Los Amantes

Carta: ז (Zayin).

Camino: *Binah* (Comprensión) - *Tiphareth* (Belleza).

Elemento: Aire.

La carta del tarot de los Enamorados representa a un hombre y una mujer protegidos por el ángel Rafael, que se cierne sobre ellos. La pareja representa la unión de dos fuerzas opuestas. Su hogar es el Jardín del Edén, ilustrado por un árbol frutal y una serpiente detrás de la mujer. Su ángel de la guarda mantiene la armonía en la vida de la pareja, impidiendo que cedan a las tentaciones que les rodean y bendiciéndoles con la capacidad de formar una relación sana.

La carta de los Enamorados le invita a mirar detrás de las almas de dos personas en cada relación. Reconocer la tercera alma, el alma de su relación, es fundamental para toda unión, ya que permite comprender el propósito de la relación. Las personas a menudo no reconocen esta alma, obstaculizando la oportunidad de profundizar en sus relaciones. Las meditaciones cabalísticas centradas en la carta de los Enamorados y en la otra parte de una relación le mostrarán cómo comunicarse con el alma de su relación y revelarán todos los secretos que le impiden avanzar.

El Carro

Carta: ח (Chet).

Camino: *Binah* (Comprensión) - *Geburah* (Severidad).

Elemento: Agua.

Esta carta muestra una figura sentada en un vehículo con tapicería azul adornada con estrellas blancas. El vehículo es conducido por dos esfinges, de color blanco y negro, para simbolizar las fuerzas opuestas que su dueño debe dominar. El propietario lleva un signo de luna creciente en el hombro, que representa su guía espiritual. La corona en su cabeza simboliza su poder. En su pecho, un cuadrado denota la tierra a la que está anclado.

Aunque los animales parecen tranquilos en la carta, pueden desbocarse fácilmente, queriendo ir en direcciones diferentes, al igual que las emociones humanas. Debe aprender a contenerlas, pero no tanto como para no poder expresarlas. Son las emociones que le motivan a trabajar por el éxito. Concentrarse en la carta del Carro durante la meditación le ayudará a encontrar el equilibrio entre expresar su pasión y dejar que sus emociones se desborden. También puede mostrarle nuevas posibilidades y darle inspiración.

La Fuerza

Carta: ט (Tet).

Camino: *Geburah* (Severidad) - *Tiphareth* (Belleza).

Elemento: Fuego.

Esta carta del tarot representa a una mujer que sostiene las fauces de un león. A pesar de la evidente amenaza del animal, la mujer no muestra signos de miedo. No solo tiene el valor de mantener al león a raya, sino que puede controlar al animal con gracia, sin herirlo. El león es en sí mismo un símbolo de gran valor. Las montañas con el cielo azul de fondo dan testimonio de la fuerza y la estabilidad que se necesitan para mantener el valor.

Mantener la calma y la disciplina es especialmente importante en momentos de adversidad; de lo contrario, sus sentimientos pueden llevarle a la destrucción. Aunque una buena dosis de coraje y fuerza dinámica son cualidades necesarias, no debe olvidar la primacía de la mente sobre la materia. Según la Cábala, solo quienes influyen en su propia pasión pueden progresar hacia la unión con lo divino. La meditación con la carta de la Fuerza es especialmente útil para equilibrar las fuerzas creativas y racionales.

El Ermitaño

Carta: ' (Yod).

Camino: *Chesed* (Misericordia) - *Tiphareth* (Belleza).

Elemento: Tierra.

La carta del Ermitaño muestra a un hombre mayor de pie en la cima de una montaña. Está comprometido con su camino y ejerce su autoridad con el bastón que sostiene en una de sus manos. En la otra, tiene una linterna, signo de su capacidad para impartir conocimientos. Su posición habla del éxito, los logros y el conocimiento espiritual que ha adquirido a lo largo de los años. En el interior de la linterna se encuentra el Sello de Salomón, un sello de entendimiento infinito.

En la Cábala, la carta del Ermitaño representa el hallazgo de la clave del desarrollo personal o de un secreto oculto en lo más profundo de su alma. Destaca la importancia de los verdaderos valores en la vida en lugar de centrarse en los objetivos materialistas. Da mejores resultados en la meditación solitaria y repetida en un periodo prolongado. Recuerde que las respuestas a todas las preguntas fundamentales siempre vienen del interior. Tomarse el tiempo para desvelar todas las respuestas merece la pena, ya que le permitirá satisfacer sus deseos internos.

La Rueda de la Fortuna

Letra: כ (Kaph).

Camino: *Chesed* (Misericordia) - *Netzach* (Victoria).

Elemento: Fuego.

En esta carta se representa una gran rueda rodeada por un ángel, un león, un águila y un toro. Todas estas criaturas están adornadas con alas, mientras que la rueda está cubierta de símbolos esotéricos. Cada criatura sostiene un libro, que simboliza su afán por adoptar la sabiduría de la Torá. En la parte superior de la rueda se encuentra una esfinge, y debajo de ella se ve una figura maligna. Estas son las dos fuerzas opuestas que se turnan para gobernar el mundo mientras la rueda gira.

La carta de la Rueda de la Fortuna muestra claramente que, aunque siempre habrá dificultades, van seguidas de una recompensa. Según la Cábala, superar los obstáculos es una práctica que conduce a una esencia espiritual más elevada. Los radios de la rueda representan las direcciones de sus deseos más íntimos, cuyo cumplimiento provoca alegría. Por lo tanto, seguirlos es esencial para obtener la felicidad, y más aún en momentos difíciles, cuando necesita una motivación adicional para seguir adelante con su vida.

La Justicia

Letra: ל (Lamed).

Camino: *Geburah* (Severidad) - *Chesed* (Misericordia).

Elemento: Aire.

La carta de la Justicia ilustra una figura sentada en su silla y sosteniendo una balanza en su mano izquierda. La balanza representa el equilibrio entre la lógica y la guía interior, y la figura también muestra la equidad al sostener una espada vertical en su otra mano.

La claridad de la Justicia se acentúa aún más con la corona y el manto púrpura representados en la carta. El zapato blanco que asoma por debajo del manto nos recuerda que todas las acciones tienen consecuencias, por mucho que intentemos ocultarlas.

Esta carta señala la importancia de la equidad en la justicia. Dependiendo de sus acciones, todo puede resolverse a su favor o en su contra, y el resultado puede no ser el deseado. Al fin y al cabo, lo divino es ser justo, aunque aún no pueda verlo. Meditar o viajar contemplando las dos caras de sus acciones le ayudará a aceptar las consecuencias negativas. Con el tiempo, aprenderá a aceptar las dificultades, sabiendo que vendrán tiempos mejores.

El ahorcado

Letra: מ (Mem).

Camino: *Geburah* (Severidad) - *Hod* (Esplendor).

Elemento: Agua.

Esta carta representa a un hombre en posición invertida. Está suspendido por su pie derecho y cuelga de un árbol del mundo viviente, enraizado en el inframundo. El hombre tiene una expresión tranquila, como si eligiera estar en esta posición. También tiene un halo brillante alrededor de la cabeza, lo que indica su estado de iluminación. El cuerpo del hombre se asemeja a un triángulo invertido, ya que su pie izquierdo está libre, pero sus dos manos están sujetas a su espalda. Los colores de sus ropas, los pantalones rojos y la camisa azul, denotan el equilibrio entre la pasión y las emociones tranquilas.

El Ahorcado muestra que actuar solo con base en la pasión no siempre es la mejor idea en los momentos difíciles. En lugar de intentar liberarse instintivamente de la situación en la que se encuentra, debería enfocarse primero en reunir fuerzas. Puede enseñarle a trascender el dolor y a enviar un poderoso mensaje a su yo interior y feroz, algo que le acercará a la unión con el creador.

La Muerte

Letra: נ (Monja)

Camino: *Tiphareth* (Belleza) - *Netzach* (Victoria).

Elemento: Agua.

En esta carta del tarot, la Muerte se muestra como un esqueleto vivo, que representa la única parte que queda del cuerpo humano después de la muerte. El esqueleto monta un caballo blanco y sostiene una bandera negra con marcas blancas. Al llevar la armadura, la Muerte se representa como invencible. El caballo simboliza la pureza porque la Muerte lo borra todo. Las masas que hay debajo de él son de diferentes formas y tamaños, lo que demuestra que la Muerte no distingue géneros, razas o clases.

La carta de la Muerte suele asociarse a los cambios negativos. Sin embargo, según la Cábala, la Muerte puede traer cambios que pueden ser favorables para usted, aunque a veces no lo sean para los demás. Aun así, esto no debería disuadirle de buscarlos, porque tarde o temprano se encontrará con quienes ven estos cambios bajo la misma luz que usted. Mientras le guíen hacia una versión más sana y espiritualmente equilibrada de usted mismo, no tiene nada que perder con los cambios.

La templanza

Carta: ס (Samech).

Camino: *Tiphareth* (Belleza) - *Yesod* (Fundación).

Elemento: Fuego.

La carta de la Templanza muestra un ángel con un pie en el agua, representando el lado natural del mundo. Su otra pierna está en tierra firme, representando el aspecto materialista de la realidad. El ángel lleva una túnica en la que hay un triángulo, en alusión a la Santa Trinidad. El ángel también sostiene dos tazas de agua, que está mezclando y dejando que el agua fluya de un lado a otro, al igual que el ciclo infinito de la vida.

En la Cábala, la carta de la Templanza le aconseja sacrificar su ego para restablecer su conexión con el ciclo natural de la vida. Todo puede ser utilizado con un doble propósito, y la clave es usarlo como una herramienta en lugar de un arma. Esto implica mucha práctica y prolongadas sesiones de meditación, ya que identificar su ego conlleva desenterrar un aspecto perdido de usted mismo. Aun así, todo el mundo tiene su propio ángel de la guarda, y si escucha al suyo, recibirá mensajes que lo harán avanzar en la vida.

El Diablo

Letra: ע (Ayin).

Camino: *Tiphareth* (Belleza) - *Hod* (Esplendor).

Elemento: Tierra.

La carta representa al Diablo como un ser humano con rasgos de cabra, cuernos y alas de murciélago. Entre sus ojos tiene un pentagrama invertido. Un hombre y una mujer están encadenados a la plataforma en la que está sentado el diablo, dando la impresión de que los tiene cautivos. Bajo su dominio, tanto el hombre como la mujer han desarrollado cuernos, volviéndose menos humanos. Aunque ambos son adictos a las riquezas, eso no les hace felices, ya que les quita el libre albedrío.

Con el tiempo, desarrollamos mecanismos subconscientes de afrontamiento que nos guían en nuestras relaciones con todos y todo lo que nos rodea. Por desgracia, no todos son saludables, y a veces nos obligan a tomar decisiones en contra de nuestros verdaderos deseos. Para evitar esta lucha interior y desarrollar relaciones más sanas, medite sobre los factores que mantienen al Diablo de su lado. Descubrir este secreto le permitirá liberarse de sus cadenas y acercarse a lo divino.

La Torre

Letra: פ·(Phe).

Camino: *Hod* (Esplendor) - *Netzach* (Victoria).

Elemento: Fuego.

Esta carta ilustra una torre situada en lo alto de la montaña en el momento exacto en el que es incendiada por un rayo. Mientras las llamas devoran el edificio, la gente salta por las ventanas en un intento desesperado por salvar su vida, lo que simboliza la necesidad de escapar de la confusión interior. Sin embargo, su esfuerzo se basa en una premisa errónea, que es la inevitable destrucción de sí mismos y de la torre.

THE TOWER.

Al igual que la destrucción de la torre no puede evitarse, tampoco pueden evitarse las consecuencias de los pensamientos, emociones y acciones negativas. Todo lo que se basa en esto debe ser destruido antes de poder avanzar hacia la reconstrucción de una nueva vida. A través de la meditación cabalística, la carta de la Torre le enseñará la importancia de la flexibilidad. Así, cuando esté luchando con emociones reprimidas, le recordará que los puntos más bajos del Árbol de la vida están ahí para lidiar con las cosas más difíciles. Hacerlo le ayudará a adaptarse a los cambios diarios.

La Estrella

Letra: צ (Tzaddi).

Camino: *Netzach* (Victoria) - *Yesod* (Fundación).

Elemento: Aire.

La carta de la Estrella representa a una mujer arrodillada ante un pequeño estanque, sosteniendo dos cubos llenos de agua. Uno de ellos está inclinado y el agua comienza a derramarse, nutriendo la exuberante y verde tierra. La mujer tiene un pie en el estanque, indicando sus habilidades espirituales, mientras que el otro se mantiene firme en el suelo, mostrando su fuerza. El pájaro en la rama del árbol junto a la mujer también ilustra la sabiduría sagrada.

Según la Cábala, la expansión de su conciencia llevará su estado mental y espiritual a un nivel superior. La carta del tarot de la Estrella indica que este estado está a la vista, solo tiene que trabajar para conseguirlo. La meditación es la mejor manera de nutrir su conciencia para manifestar un futuro más brillante. Le ayuda a centrarse en la tierra para establecer objetivos constructivos y desarrollar la compasión hacia usted mismo y hacia los demás sin perder de vista su recompensa final.

La Luna

Letra: ק (Quoph).

Camino: *Netzach* (Victoria) - *Malkuth* (Reino).

Elemento: Agua.

La carta de la Luna muestra un camino que se adentra en la lejanía. A ambos lados del camino hay dos animales, que representan la naturaleza de los seres vivos. El perro domesticado a un lado y el lobo salvaje al otro enfatizan en el dualismo dentro de esta naturaleza. El sendero parte de un estanque, del que sale una langosta, y hay dos torres que flanquean el camino, lo que alude a las fuerzas opuestas del bien y del mal.

Al igual que la Luna tiene dos fases, creciente y menguante, nosotros también tenemos dos fases principales en la vida. El camino de la vida es un viaje paradójico entre energías positivas y negativas. En última instancia, solo están estas dos posibilidades para elegir, sea cual sea la forma de su camino. También está lleno de altibajos dependiendo de la fuerza que se apodere de su camino. El uso de la carta de la Luna para la meditación durante la fase creciente promueve el crecimiento personal, pero en la fase menguante puede generar obstáculos.

El Sol

Carta: ר (Resh).

Camino: *Hod* (Esplendor) - *Yesod* (Fundación).

Elemento: Fuego.

Esta carta muestra al Sol saliendo y trayendo brillo después de las horas oscuras de la noche. Como el sol es la fuente de la vida en la Tierra, trae optimismo y energía renovada al amanecer. Un niño juega alegremente frente al sol, que se muestra como la imagen de la inocencia. El niño está desnudo, lo que indica que no tiene nada que ocultar y que es lo más inocente y puro posible. El caballo que monta el niño es otra ilustración de esto.

Solo se puede ser tan feliz y estar tan confiado como el niño de la carta del Sol si se está verdaderamente alineado consigo mismo. Aunque la carta puede prometerle gloria y fortuna, la verdadera realización solo puede venir de lo que realmente desea, como la salud en mente y cuerpo. Medite con la carta del Sol al amanecer para no quedar atrapado en la oscuridad de la vanidad y pensar que solo necesita riquezas materiales. Le traerá el éxito que busca sin sacrificar el brillo en otras áreas de la vida.

El Juicio

Carta: ש (Shin).

Camino: *Hod* (Esplendor) - *Malkuth* (Reino).

Elemento: Fuego.

La carta del tarot del Juicio muestra ilustraciones de varias figuras que esperan su juicio final después de la muerte. Sus formas espirituales se representan levantándose de sus tumbas y de pie frente a Gabriel, que los llama uno por uno. Sus brazos están extendidos, listos para recibir cualquier veredicto que el universo les imponga. Ya sea el infierno o el cielo, ya han aceptado su destino. Detrás de las figuras hay un amenazante maremoto, que enfatiza aún más la inevitabilidad del juicio final.

Según la Cábala, este universo le impulsará hacia su destino pase lo que pase. Ya sea bajo la influencia de otras personas o de circunstancias externas, su destino puede llevarle en muchas direcciones diferentes. A pesar de ello, también tiene el poder de cambiar el rumbo y dirigirse hacia donde quiera. La carta del Juicio le ayuda a manifestar coincidencias místicas que le empujen en la dirección correcta. La meditación con las manos extendidas le permitirá escuchar la llamada del universo y actuar en consecuencia.

El Mundo

Carta: ת (Tav)

Camino: *Yesod* (Fundación) - *Malkuth* (Reino).

Elemento: Tierra.

La carta del Mundo muestra una figura central que baila rodeada de una corona verde de flores y cintas rojas. Además de representar el éxito en la vida, la corona se asocia con el infinito o el estado divino del ser. Una de las piernas de la figura está cruzada sobre la otra, y tienen una varita en cada mano, lo que simboliza el equilibrio entre el estatismo y la evolución constante del momento. También hay cuatro figuras más pequeñas en cada esquina de la carta, que representan las cuatro esquinas del universo.

En la Cábala, la carta del Mundo apunta al ciclo de la vida destacando que, desde el principio hasta el final, los seres humanos solo tienen un objetivo: unirse con el creador. También puede entenderse como el equilibrio entre la perfección y la imperfección del universo. Si se utiliza para reflexionar, revela un equilibrio similar dentro de uno mismo. La meditación regular con la carta mientras se concentra en esta armonía conduce a la realización en su ser divino.

Capítulo 6: Interpretación de los arcanos menores

Las cartas de los arcanos menores están más en sintonía con el mundo físico (el mundo que nos rodea) y consisten en planetas y estrellas. Muestran aspectos prácticos de lo que llamamos el plano material. Por lo tanto, le será más fácil sintonizar con ellas a lo largo de la vida profesional y personal. Los arcanos menores del tarot son 56 cartas divididas en cuatro palos de catorce cartas: bastos, copas, espadas y oros. Al igual que en una baraja normal, cada palo consta de cartas numeradas del uno (as) al diez, y las cuatro cartas de la corte: Paje, Caballero, Reina y Rey. Estas cartas también corresponden a los cuatro elementos (aire, agua, fuego y tierra) y a los cuatro mundos *yetziráticos* (cabalísticos).

Bastos

El palo de bastos se asocia con la letra hebrea ׳ (Yod), el elemento fuego y *Atziluth*, el mundo de la Emanación, y la facultad Divina de la intuición.

As de bastos

Esta carta está ilustrada con una mano que se extiende desde una nube mientras sostiene un basto inmóvil que sigue creciendo. Se puede ver las hojas que brotan, que representan el progreso espiritual y material. También se puede ver un castillo, que simboliza las maravillosas oportunidades del futuro, que llaman a seguir los sueños. El As de bastos le dice que vale la pena seguir cualquier gran idea que se le haya ocurrido recientemente.

Dos de bastos

Esta carta representa a un hombre de pie en lo alto de un castillo con un globo terráqueo en su mano derecha. Está mirando un océano en el lado izquierdo y tierra firme en el lado derecho, pensando cómo expandir sus experiencias de vida. Su sombrero rojo muestra que está listo para la aventura y su túnica naranja significa su entusiasmo. El Dos de bastos señala la importancia de planificar el futuro.

Tres de bastos

Esta carta ilustra a un hombre de pie al borde de un acantilado, con bastos plantados en el suelo a su alrededor. Mientras mira el océano y las montañas, toma un basto en la mano. Parece reflexionar sobre el compromiso con sus planes y cómo hacerlos realidad. El Tres de bastos insinúa que está en el camino correcto al crear una base estable para sus planes.

Cuatro de bastos

Esta carta representa a una pareja bailando bajo una corona atada entre cuatro bastos de cristal. También hay un dosel de flores característico de las ceremonias de boda judías tradicionales, que simboliza la celebración de la pareja. El Cuatro de bastos refleja la expectativa de unas alegres fiestas familiares. También señala la importancia de cumplir los objetivos personales, otro logro que aporta satisfacción y plenitud a su vida.

Cinco de bastos

En esta carta se ven cinco hombres que empujan sus bastos hacia arriba como si estuvieran en desacuerdo entre ellos. Sin embargo, parecen relajados, lo que significa que su rivalidad es bondadosa y no está alimentada por la ira del otro. El Cinco de bastos le anima a aceptar su competencia como un medio para mejorar, en lugar de mirar a sus competidores como si quisieran hacerles daño.

Seis de bastos

La carta representa a un hombre que monta a caballo entre una multitud de personas que lo aclaman, y que lleva una corona de flores de la victoria en la cabeza. Tanto esto como la corona atada al basto que lleva destacan el reconocimiento de sus logros. Su caballo es blanco, lo que simboliza su pureza, su poder y la victoria. El Seis de bastos indica el éxito en la expresión de sus talentos y en la consecución de sus objetivos.

Siete de bastos

Esta carta muestra a un hombre de pie en la cima de una colina, defendiéndose de oponentes que lo desafían desde abajo. El hombre no lleva los zapatos correspondientes, lo que indica que se encuentra en un terreno irregular o que no tiene una base estable en la vida. El Siete de bastos significa que mientras pueda mantenerse firme, defenderá su posición sin importar que sus oponentes lo desafíen.

Ocho de bastos

Esta carta muestra ocho bastos voladores viajando por el aire. Algunos llevan flores y viajan a máxima velocidad, mientras que otros parecen estar cerca de su destino, señalando el final de un largo viaje. El paisaje muestra un cielo despejado, lo que indica que no hay nada en el camino de quienes aún buscan su destino. El Ocho de bastos es un profeta de noticias importantes o una posibilidad de crecimiento repentino.

Nueve de bastos

Esta carta muestra a un hombre sosteniendo un basto con otros ocho bastos de pie detrás de él. El hombre parece débil o herido, pero todavía tiene un fuerte deseo de luchar otra batalla si es necesario. Parece esperanzado y decidido a superar cualquier reto que se le presente. El Nueve de bastos simboliza su vida como una combinación de desafíos, victorias, esperanzas y voluntad de librar sus batallas.

Diez de bastos

En esta carta, un hombre se acerca a un pueblo. Lleva un manojo de diez bastos en sus manos, indicando sus luchas en la vida, su éxito en superarlas y la recompensa por sus victorias. Al acercarse a su destino, busca un lugar para relajarse y disfrutar de su éxito. El Diez de bastos indica que tiene muchas responsabilidades que cumplir antes de disfrutar de su victoria.

Paje de bastos

Esta carta muestra a un hombre bien vestido de pie sobre la tierra estéril, lo que indica lo infructuoso de su mundo. Sostiene un basto y parece apasionado por sus ideas, aunque son todavía muy hipotéticas. Sin embargo, el estampado de su camisa parece cambiar de tela, simbolizando la transformación positiva. El Paje de bastos le inspira a utilizar sus ideas y hacer descubrimientos para avanzar en la vida.

Caballero de bastos

En esta carta, un caballero está sentado sobre su caballo, preparado para entrar en acción. Su camisa amarilla, el penacho que sobresale de su casco y el color naranja de su caballo hablan del fuego que pondrá para ganar sus batallas. Está luchando con un basto en lugar de una espada, lo que indica que utilizará mucha creatividad. El Caballero de bastos le pide que ponga todo el entusiasmo que pueda en sus proyectos creativos.

Reina de bastos

Esta carta representa a una reina sentada en su trono, sosteniendo un girasol en su mano izquierda y un basto en flor en la derecha, indicando que trae calor, fertilidad y alegría al mundo. Está de frente, mostrando su fuerza y determinación para el éxito. La carta de la Reina de bastos significa la energía positiva y las personas que siempre le apoyarán cuando lo necesite.

Rey de bastos

Esta carta representa a un rey con un basto en flor, que demuestra su pasión por la vida y la creatividad. Su capa naranja y su trono están adornados con salamandras y leones, que simbolizan su fuerza e ingenio. Las salamandras se muerden la cola, lo que presenta la imagen de un signo de infinito, que significa que siempre se enfrentará a obstáculos en su camino. El Rey de bastos le anima a asumir roles de los que es capaz.

Copas

El palo de copas está asociado a la letra hebrea ה (Él), al elemento agua y a *Beri'ah*, al mundo de la Creación, y a la facultad espiritual del sentimiento.

As de copas

En esta carta, una mano emerge de las nubes y sostiene una copa rebosante de agua. De la copa brotan cinco chorros, lo que indica la pureza y la importancia de escuchar la voz interior. El As de copas ofrece una sensación de plenitud espiritual a quienes estén dispuestos a aprovechar su intuición e ignorar otras emociones provenientes de factores externos, independientemente de su situación.

Dos de copas

Esta carta representa a un hombre y una mujer intercambiando sus copas para celebrar que se han convertido en uno. El símbolo del caduceo de Hermes entre ellos indica que tendrán que negociar e intercambiar energía, protegerse y respetarse mutuamente para tener una unión exitosa. Encima hay una quimera, que simboliza la pasión que rige su relación. El Dos de copas señala todos los elementos que una nueva relación necesita.

Tres de copas

Esta carta muestra a tres mujeres levantando sus copas en una celebración, sonriéndose entre sí en una imagen de belleza y felicidad. Están de pie sobre un vasto campo lleno de flores y frutas. Sus cabezas están adornadas con coronas de flores, lo que simboliza su victoria. El Tres de copas le insta a pasar más tiempo de calidad con quienes aprecia y aportan alegría a su vida.

Cuatro de copas

La carta representa a un hombre sentado bajo un árbol en la cima de una montaña, aparentemente contemplando su vida. Tiene las manos y las piernas cruzadas y mira tres copas delante de él, sin saber que hay una cuarta en el aire. Su posición representa la tendencia a buscar nuevos tesoros mientras se da por sentado lo que ya se tiene. El Cuatro de copas le indica que a veces no es consciente de lo que está pasando.

Cinco de copas

Esta carta ilustra a un hombre con una capa negra. Tres copas se han derramado en el suelo y él las llora. No se da cuenta de que hay otras dos que se mantienen llenas, apoyadas en el suelo. Detrás de él, un río lo separa de un castillo, simbolizando las emociones conflictivas con las que está lidiando. El Cinco de copas indica que está atascado en arrepentimientos del pasado en lugar de seguir adelante con su vida.

Seis de copas

En la carta, unos niños juegan con seis copas llenas de flores blancas. En primer plano, un niño pasa una copa a una niña, lo que simboliza la nostalgia y la celebración de reencuentros. Los niños están en un castillo, lo que significa que están protegidos y tienen toda la seguridad y comodidad que necesitan. El Seis de copas indica su necesidad de buscar el consuelo de quienes le quieren incondicionalmente.

Siete de copas

Esta carta muestra a una persona observando las imágenes que emergen de siete copas que flotan en las nubes y que representan sus sueños, ilusiones y pensamientos. Solo se ve la espalda de la persona, lo que significa que está ocupada con sus deseos o dormida, y vemos los sueños que está conjurando. El Siete de copas implica que, aunque tiene varias opciones, debe ordenarlas para hacer la mejor elección.

Ocho de copas

En esta carta, se ve una figura encapotada con ocho copas doradas detrás. Se dirige a una tierra árida y montañosa, buscando un propósito superior, la emoción de lo desconocido o nuevos retos. Su capacidad para dejar atrás las copas que ha recogido habla de su voluntad de desprenderse de los demás y de su tendencia a la autosuperación. El Ocho de copas indica que debe alejarse de los entornos familiares para crecer espiritualmente.

Nueve de copas

Esta carta muestra a un hombre de mediana edad sentado en un banco de madera, con los brazos cruzados y la satisfacción en su rostro. Lleva un tocado rojo en la cabeza, lo que indica que tiene una mente activa. Detrás de él hay nueve copas, dispuestas en orden, que demuestran que el hombre ha alcanzado la plenitud y el éxito en la vida. El Nueve de copas indica la felicidad y la satisfacción que provoca el cumplimiento de los deseos más íntimos.

Diez de copas

Esta carta representa a una pareja en un abrazo amoroso, frente a un gran jardín verde con una casa. Hay dos niños jugando junto a ellos, lo que indica que la pareja está bendecida tanto material como espiritualmente. Las diez copas forman un arco sobre ellos, lo que implica que las bendiciones vienen del cielo. El río junto a la casa muestra la libertad con la que fluye el amor entre los individuos. El Diez de copas envía un mensaje de verdadera realización emocional.

Paje de copas

Esta carta representa a una mujer joven con una túnica azul con motivos florales y un largo pañuelo cerca de la orilla del mar. Tiene una copa dorada en la mano, pero mira a los peces que salen del mar y la miran expectantes. El Paje de copas le inspira a seguir su intuición, a revelar sus sueños y a trabajar con perseverancia para hacerlos realidad, aunque aún no entienda su significado.

Caballero de copas

Esta carta representa a un joven caballero sentado en un caballo blanco, sosteniendo una copa, como si llevara un mensaje. El caballo blanco simboliza la espiritualidad y el inmenso poder que proviene de fuentes puras. A pesar de ello, tiene serenidad en su rostro, lo que significa que no tiene intención de precipitarse, sino que se mueve con precaución. El Caballero de copas lleva un mensaje sobre la llegada de la buena fortuna.

Reina de copas

Esta carta presenta a una reina sentada en su trono al borde del océano, lo que significa que su poder se encuentra entre el reino fluido de las emociones y la tierra firme de los pensamientos. Como sus pies no tocan ninguno de los dos mundos, observa sus pensamientos y emociones desde el exterior. Está concentrada en la copa cerrada que sostiene. La Reina de copas señala que debe confiar en su voz interior.

Rey de copas

Un rey sentado en un trono con aguas tranquilas a su alrededor es la ilustración de esta carta. Tiene un amuleto en forma de pez en su collar, que representa su espíritu creativo. También hay peces en el océano a la izquierda del rey, mientras que a su derecha hay un barco, que simboliza el mundo material. El Rey de copas le enseña a equilibrar sus impulsos con su raciocinio en lugar de suprimir su intuición.

Espadas

El palo de espadas se asocia con la letra hebrea ו (Vau), el elemento del aire y *Yetzirah*, el mundo de la Formación, y la facultad psíquica del pensamiento.

ACE of SWORDS.

As de espadas

Esta carta representa una mano que emerge de las nubes sosteniendo una espada de doble filo adornada con una corona y un laurel asociado al poder, la victoria y el éxito. En el fondo, otras espadas flotan sobre montañas y mares, simbolizando el vasto territorio que pueden conquistar. El As de espadas indica que experimentará un avance victorioso.

Dos de espadas

La carta ilustra a una mujer sentada sosteniendo una espada en cada mano. Detrás de ella, barcos y naves se abren paso entre las rocas del mar. Sin embargo, la mujer tiene los ojos vendados, por lo que no puede ver el problema ni su solución. El Dos de espadas indica que a menudo hay dos soluciones muy diferentes para nuestros problemas. Antes de tomar una decisión, hay que considerar ambas, aunque ninguna parezca demasiado atractiva.

Tres de espadas

Esta carta muestra un corazón flotante atravesado por tres espadas. Sobre él, pesadas nubes provocan un fuerte aguacero, indicando que todas las acciones tienen efectos inmediatos. Las tres espadas causan pena, dolor y sufrimiento, desplazando la sensación de calidez, afecto y satisfacción que siente el corazón cuando está completo. El Tres de espadas significa que está en el punto más bajo de su vida y debe decidir si se queda ahí o no.

Cuatro de espadas

Esta carta ilustra una talla de un caballero rezando sobre una tumba en una iglesia. Tiene una espada debajo de él y tres más colgando por encima, indicando que ha soportado un gran sufrimiento que finalmente ha terminado: un niño y una mujer detrás de la tumba dan la bienvenida a su caballero. El Cuatro de espadas simboliza un estado mental tranquilo y el descanso después de un acontecimiento importante en su vida, ya sea bueno o malo.

Cinco de espadas

Esta carta ilustra a un hombre que mira con desprecio a las masas que ha conquistado. Tiene cinco espadas, que ha obtenido de sus enemigos. Dos figuras se alejan, mostrando su descontento con el resultado, subrayadas por las nubes que se acumulan en el cielo. El Cinco de espadas indica que un éxito reciente puede ir en contra de los intereses de los demás.

Seis de espadas

Esta carta muestra la imagen de una mujer y un niño en un barco que se dirige a tierra. Están de espaldas, pero es evidente que están dejando algo atrás. El barco y el Seis de espadas representan su fuerza para avanzar hacia un futuro más prometedor. Esta carta le recuerda que debe seguir adelante, independientemente de la pérdida que esté experimentando.

Siete de espadas

En esta carta, un hombre se escapa de un campamento y lleva cinco espadas en sus manos, dejando otras dos en el suelo detrás de él. Además, detrás de él, un grupo de soldados da la alarma al descubrir que ha escapado. El Siete de espadas muestra que, incluso cuando sus acciones son furtivas y cree que se está saliendo con la suya, tarde o temprano tendrá que afrontar las consecuencias.

Ocho de espadas

En esta carta se ve a una mujer atada, con ocho espadas que la atrapan. Como tiene los ojos vendados, no puede ver los huecos entre las espadas por los que podría escapar. La tierra estéril y el cielo gris detrás de ella indican que no tiene esperanzas de liberarse. El Ocho de espadas indica que si permite que una entidad extranjera se haga con el control de su vida, renunciará a su poder para cambiar.

Nueve de espadas

Esta carta representa a una mujer sentada en su cama, sosteniendo su cabeza entre las manos como si acabara de despertar de una pesadilla. Encima de la mujer hay nueve espadas y debajo de ella una talla de una persona siendo derrotada, que alude a la causa de las pesadillas. El Nueve de espadas muestra que la pena puede ser una carga pesada para llevarla solo, y que a veces es necesario encontrar a alguien con quien compartirla.

Diez de espadas

Esta carta muestra a un hombre tumbado boca abajo en el suelo, con una tela roja cubriendo todo su cuerpo y diez espadas clavadas en su espalda. El cielo negro sobre él y el clima inquietantemente tranquilo ilustran las emociones negativas asociadas a su muerte. El Diez de espadas indica un punto bajo en su vida, posiblemente como resultado del mal uso del poder.

Paje de espadas

Esta carta presenta a un joven de pie sobre un terreno rocoso, con el viento agitando su cabello y árboles detrás de él. Con una expresión decidida y desafiante en su rostro y una espada en la mano, este joven está listo para actuar en cualquier momento. El Paje de espadas ilustra que es un gran comunicador, lleno de ideas nuevas y siempre dispuesto a un debate apasionado.

Caballero de espadas

Esta carta muestra a un joven con armadura sentado en un caballo en medio de una batalla. La capa del caballero y los arreos del caballo están decorados con pájaros y mariposas. Detrás de ellos, hay nubes tormentosas y los árboles son agitados por el viento. El color blanco del caballo simboliza la energía del caballero para superar cualquier reto. El Caballero de espadas muestra que los objetivos fuertes le ayudarán a superar los obstáculos que se le presenten.

Reina de espadas

Esta carta representa a una mujer, la reina, mirando sombríamente a lo lejos sentada en un trono en las nubes. Tiene una espada en su mano derecha, apuntando hacia el cielo, mientras que su mano izquierda está extendida en un gesto de ofrenda. La Reina de espadas destaca la importancia de reflexionar sobre su situación en lugar de tomar decisiones basadas en las emociones.

Rey de espadas

Esta carta muestra a un rey que sostiene una espada de doble filo mientras está sentado en su trono. Está apuntando hacia arriba, destacando su intelecto, poder y autoridad en todas las cosas. Su túnica azul simboliza la iluminación espiritual, mientras que las mariposas en el trono indican transformación. El Rey de espadas gobierna todos los sistemas lógicos de la tierra y lleva poderosos mensajes sobre el posible resultado de sus acciones.

Oros

El palo de oros está asociado con la letra hebrea ה (Él), el elemento tierra y *Assiah*, el mundo de la Manifestación, y la facultad de las sensaciones corporales.

As de oros

Esta carta representa una mano que emerge de las nubes y sostiene una moneda de oro grabada con un pentáculo. Debajo de la mano, un exuberante jardín formado por tierras fértiles es regado por el arroyo de las emociones que corre cerca. Detrás de ella, se eleva una montaña que muestra la ambición necesaria para buscar el oro. El As de oros ilustra que si quiere obtener buenos resultados de sus ideas, debe esforzarse en cultivarlas.

Dos de oros

Esta carta representa a un hombre bailando en aguas agitadas y haciendo malabares con dos monedas. Las monedas están rodeadas por el signo del infinito, lo que indica que manejará con elegancia todos los asuntos que se le presenten. En el fondo, dos barcos luchan por flotar en las enormes olas, lo que demuestra lo equilibrado del acto del hombre. El Dos de oros representa los altibajos de la vida cotidiana.

Tres de oros

Esta carta muestra a un joven aprendiz que discute sus progresos en la construcción de una catedral con un sacerdote y un noble. A pesar de su falta de experiencia, las ideas del aprendiz son suficientemente cautivadoras para que los otros dos le escuchen. El Tres de oros muestra que todos los proyectos requieren una variedad de conocimientos. Si quiere terminarlos, tendrá que trabajar con personas con habilidades diferentes a las suyas.

Cuatro de oros

Esta carta ilustra a un hombre sentado en un taburete, vigilando rigurosamente sus monedas. Una de ellas está sobre su cabeza, otra entre sus manos y dos debajo de sus pies. El Cuatro de oros indica que obsesionarse con mantener su riqueza le convertirá en su prisionero. Se convertirá en una persona posesiva y codiciosa incapaz de sentir o hacer otra cosa.

Cinco de oros

La carta muestra dos figuras que caminan por la nieve, con aspecto frío, cansado y enfermo. Una de ellas va con muletas, mientras que la otra lleva un chal en la cabeza y no lleva zapatos. Detrás de ellos, hay una pared negra con cinco monedas en la ventana, lo que sugiere que es un santuario. El Cinco de oros transmite la pérdida de un objeto importante, adversidades financieras o un bajón personal.

Seis de oros

Esta carta muestra la imagen de un hombre vestido con túnica púrpura, que simboliza su estatus y riqueza. Con una mano equilibra una balanza, mostrando que trata a todos por igual. Con la otra mano, reparte monedas a los mendigos que se arrodillan ante él. El Seis de oros enfatiza la importancia de la caridad, independientemente del tamaño de su riqueza.

Siete de oros

La carta muestra a un hombre sentado sobre una pala que se toma un descanso de su trabajo para disfrutar del jardín que está haciendo. Pero como no está terminado, aún no puede tocar los frutos. Hay siete monedas colgando de las plantas, pero solo se quedará con uno de ellos. El Siete de oros le reafirma en sus objetivos mayores, animándole a no enfocarse en los resultados a corto plazo, sino a trabajar por la recompensa final.

Ocho de oros

Esta carta representa a un hombre que graba el símbolo del pentáculo en ocho monedas de oro. Hay una ciudad en el fondo, pero él está tan absorto en su trabajo que no se da cuenta de nada. El Ocho de oros le insta a priorizar sus proyectos y a abordarlos por orden de urgencia. De este modo, podrá entregar siempre la mejor versión de su trabajo y no se distraerá con la variedad de tareas.

Nueve de oros

En esta carta, puede ver a una mujer en un viñedo. Las viñas están llenas de uvas y de monedas de oro, lo que indica éxito en las empresas y la riqueza material. Lleva un vestido largo adornado con girasoles y juega con un halcón sentado en su mano. El Nueve de oros transmite toda la seguridad y la tranquilidad que la riqueza financiera puede aportarle.

Diez de oros

En esta carta, un hombre mayor descansa en un arco y está rodeado de gente más joven. Su túnica está adornada con medias lunas y vides, que representan el mundo espiritual y el material. Frente a él, una pareja feliz y un niño pequeño juegan con un perro, lo que muestra su verdadero legado. El Diez de oros muestra que todo lo que usted cree formará parte de un legado que permanecerá durante mucho tiempo.

Paje de oros

La carta ilustra a un joven caminando por un campo de flores. Detrás de él, hay varios árboles frondosos, pero no se da cuenta de nada, ya que está cautivado por la moneda que tiene en la mano y lo que representa. El Paje de oros señala que está tan absorto en su ambición y diligencia para obtener seguridad financiera, que no ve todas las bendiciones que la naturaleza le da.

Caballero de oros

La carta muestra a un caballero sentado en un caballo oscuro en un campo que se está preparando para la cosecha. A diferencia del Caballero de espadas, él no lucha, creyendo que puede hacer más en el campo. Tiene una moneda de oro en la mano y piensa cómo sacarle el máximo partido. El Caballero de oros trae consigo la preocupación por los objetivos a largo plazo y su responsabilidad con todos los deberes que le han sido encomendados.

Reina de los oros

Esta carta muestra a una hermosa reina sentada en un trono decorado con varios elementos de la tierra, haciendo referencia a sus estrechos vínculos con la naturaleza. La moneda en su mano simboliza la prosperidad, pero el conejo que aparece en el marco de la parte derecha de la carta apunta a la precaución. La Reina de oros le advierte si está a punto de saltar en la dirección equivocada mientras persigue el éxito.

Rey de oros

Esta carta ilustra a un rey sentado en un trono adornado con vides y tallas de toros. También está rodeado de vides y flores, mostrando apego a su riqueza. Tiene una moneda con un pentáculo grabado en su mano izquierda y un cetro en su mano derecha, que muestra su carácter protector. El Rey de oros fomenta el crecimiento, tanto en el plano financiero como en el personal.

Capítulo 7: Astrología cabalística

La Cábala es una tradición judía que explica la sabiduría que hay detrás y la esencia de la humanidad. Según el folclore popular, cuando el profeta Adán fue expulsado del Edén, recibió un libro del arcángel Raziel que contenía secretos de este universo y cuyo objetivo era ayudar a Adán a adaptarse a su entorno. Este misterioso conocimiento se transmitió a través de generaciones, desde los profetas bíblicos de la historia antigua como Melquisedec (el rey-sacerdote), Abraham, Isaac y Jacob.

Con la dispersión de los judíos por Europa, sus enseñanzas y este antiguo conocimiento se transmitieron en secreto y con gran riesgo. Irónicamente, algunos eruditos judíos prohibieron la astrología durante eones, y los rabinos se abstuvieron estrictamente de practicarla, especialmente durante la época medieval. Este conflicto entre la razón y la fe persiste incluso en la era moderna. De todas formas, los seguidores de la astrología cabalística creen que arroja luz sobre el nivel de conciencia en el que alguien se encuentra en el momento de practicarla.

Como es arriba, es abajo

El único propósito de la astrología cabalística es liberarse de la influencia del cosmos y retomar el control de su vida. Según la mitología de la Cábala, el universo fue creado por Dios como una imagen de su ser divino. Los cabalistas trabajan para perfeccionar tanto el mundo visible como el invisible para servir a Dios. Esto es contrario a las ideas erróneas que relacionan la Cábala solo con rituales mágicos.

El principio de «como es arriba, es abajo» dicta que la posición de los cuerpos celestes influye en el mundo físico. La versión inversa de este concepto también es cierta, «como es abajo, es arriba», y según esta versión invertida, nuestras acciones tienen un impacto mucho mayor de lo que creemos. Todo lo que hacemos en el mundo físico contribuye a la discordia o a la armonía en el mundo de los cielos. Esto arroja luz sobre la composición misma de la matriz del universo, donde lo físico y lo espiritual están profundamente entrelazados.

Alineación planetaria y Árbol de la vida

El Árbol de la vida ocupa una posición simbólica central en la ideología cabalística y facilita la explicación de los principios universales. Es un diagrama que consta de diez círculos, conocidos como «*Sefirot*», y cada uno de simboliza un aspecto de Dios que, a su vez, está interconectado por 22 caminos diferentes. Se cree que en el momento de la concepción de este universo, Dios se retiró esencialmente de la existencia hacia el vacío resultante y entró en las diez *sefirot*, dándoles la posibilidad de contener los diez aspectos de Dios (este proceso se llama *Tzimtsum* o contracción).

En el diagrama también hay una no-sefirá, llamada *Da'at*, que significa «lugar de conocimiento» y es un portal que ofrece acceso a diferentes mundos. El Árbol de la vida tiene *sefirot* dispuestos en tres columnas. La columna de la derecha simboliza la «energía», la de la izquierda representa la «forma» y la del medio denota la «conciencia». Dado que se cree que este diagrama es representativo de toda la composición y los misterios del universo, se aplica a todas las situaciones que se pueden encontrar (incluso mediante el uso de la astrología). Desde una perspectiva astrológica, todos los planetas (incluida la Tierra) se sitúan dentro de las *sefirot*.

Estas diez *sefirot* corresponden a los diez Santos Mandamientos, y cada una tiene su propio ángel vinculado. En la astrología cabalística, la carta natal está trazada en forma de Árbol de la vida y refleja una clara cartografía astrológica del sistema solar con la posición de las estrellas y los planetas. Además, como se ha mencionado anteriormente, el Árbol de la vida muestra el viaje del alma desde el pasado hasta el presente y su propósito en la tierra.

El Árbol de la vida proporciona un mapa de la conciencia y del cuerpo. Por lo tanto, es vital revisar el nombre de cada *sefirot*, su área corporal relacionada, la asociación planetaria y las cualidades importantes.

> *La parte superior del cuerpo se conoce como «Keter», el cráneo o la corona. Incluye a Chokmah, que representa el cerebro derecho y posee las cualidades de Urano, lo que significa que tiene una inspiración muy brillante. «Binah» es la segunda Sefirah, que representa el cerebro izquierdo, tiene cualidades similares a las de Saturno y se aferra a los límites, la forma y el contenedor. El último en la categoría de «cuerpo» o Keter es «Da'at» o cerebro central (conocimiento), que se asocia con lo incognoscible o el misterioso.*

> *La siguiente categoría es la de los brazos, que incluye «Chesed», también conocido como el brazo derecho o la bondad, y se relaciona con Neptuno y Júpiter con atributos de expansión sin límites. Esta categoría también tiene Gevurah, conocido como brazo izquierdo o severidad, con atributos similares al planeta Marte y con enfoque, acción y dirección.*

> *El torso está definido por Tiferet (corazón y belleza), vinculado con la conciencia egocéntrica, el sol y el resplandor.*

La categoría de las piernas incluye a Netzach (riñón, victoria o pierna derecha), está asociada al planeta Venus, que muestra cualidades de autoestima amorosa. En esta categoría también se encuentra «Hod» (pierna izquierda, riñón y gloria), que se relaciona con el planeta Mercurio y está dominado por el atributo del orden y el pensamiento lógico.

Los dos últimos son Yesod, que forman el punto fundacional y que representan los órganos sexuales. Yesod también está relacionado con la atracción magnética de la Luna. Mientras que Malkuth (boca, pies o reinado) es un símbolo de la Tierra y encarna todo lo que está en el plano terrenal, sus soportes están definidos y son una base firme.

Las 22 letras hebreas sirven como caminos que conectan diferentes *sefirot*. Puede utilizar cada letra para ayudarse en la meditación, o tomar una combinación de letras dependiendo de lo que quiera conseguir.

La escalera de Jacob

Se han escrito varios libros sobre la Cábala que se refieren al lado astrológico del sistema de creencias, pero se destaca uno en particular, escrito por Z'ev ben Shimon Halevi. El libro contiene detalles de la astrología cabalística y extensas descripciones. La cartografía del Árbol de la vida también evolucionó durante la España medieval, y aunque los cabalistas modernos se sentían cómodos con las *sefirot* y la correspondencia planetaria, Halevi destacó la escalera de Jacob en el Árbol de la vida ampliado. Por esta razón, Halevi también es coronado como un practicante principal de la Tradición de Toledo, que se practicaba en España, donde la Cábala ganó popularidad durante los siglos XIV y XV.

Los cuatro mundos de la Escalera de Jacob, *Azilut* (divino), *Beriah* (creativo), *Yetzirah* (formas) y *Assiyah* (físico), muestran una superposición entre sí. Además, en la Escalera de Jacob el sistema planetario ha sido colocado en *Yetzirah* (el segundo nivel más bajo). También es conocido como el mundo correspondiente a la psique humana y es el foco de los estudios astrológicos.

Las letras madre en la astrología cabalística

El Árbol de la vida puede explorarse de varias maneras. Una de ellas es reconocer las energías en las tres letras madre: Aleph, Mem y

Shin. Las letras madre están simbolizadas por las ramas horizontales del Árbol de la vida, mientras que los siete planetas visibles son representados por las ramas verticales.

«Aleph» es la primera letra madre y reside en el cuerpo, en el espacio del corazón. No hay sonidos particulares asociados a ella. Al ser la primera letra, se utiliza como método para iniciar la acción. «Aleph» le insta a prestar atención y ser más consciente de su aparato cardíaco y de su caja torácica. Para ello, puede empezar por hacer tres respiraciones profundas y emitir el sonido «Aleph» al exhalar. Esta letra está vinculada con el elemento aire y tiene asociada una chispa creativa. También es un punto de equilibrio entre los elementos agua y fuego.

La letra «Mem» se encuentra entre las caderas, en la región pélvica, y es también la letra que inicia la palabra hebrea para el agua, lo que la relaciona con el mar de la conciencia. Está conectada con la palabra hebrea «*maggid*», que se traduce como ángel y arroja luz sobre la conexión con su guía y sus maestros. Mientras practica la respiración consciente, haga el sonido MMMM y preste atención a las regiones de la pelvis y la cadera. Esta letra favorece una conexión más profunda con el cuerpo emocional y se asocia con el elemento agua.

La tercera letra madre es «Shin», que reside entre el cerebro izquierdo y el derecho. Las palabras «*shalom*» (paz), «*Shabat*» (descanso) y «*shanna*» (el año con plenitud) comienzan con la letra «Shin». Esta letra está vinculada al elemento fuego y se utiliza con fines transformadores e integradores. Es una gran herramienta para meditar integrando varias perspectivas.

Colocación de Marte y Venus

Es interesante examinar la alineación planetaria en el Árbol de la vida, porque surgen varios puntos inesperados o anómalos. Si tiene conocimientos previos de astrología, puede que le sorprenda que Marte esté en la columna pasiva del Árbol, en *Gevurah*, ya que es conocido como el planeta de la afirmación. En cambio, Venus es famoso por ser un planeta armonioso y amoroso y se encuentra en el sitio activo del Árbol, en *Netzach*.

La explicación de estas colocaciones tiene mucho sentido y ofrece una visión profunda del núcleo de la ciencia astrológica. Se puede hacer la analogía de un artista marcial cuyo modo de ataque es el «no movimiento» y solo golpea en el momento adecuado. Este tipo de disciplina, de precisión y de juicio es un atributo definitorio de la *Gevurah*. Del mismo modo, la *sefirah Netzach*, que corresponde al planeta Venus, simboliza a una joven para denotar el principio de la atracción. De acuerdo con su naturaleza típica, esta joven (Venus) es todo menos pasiva, ya que hace gestos sugestivos para atraer a su pareja.

Concepto de crecimiento y destrucción

Para un astrólogo con una perspectiva tradicional, la colocación cabalística es intuitiva debido a la disposición de los planetas sincronizados. Por ejemplo, el pilar derecho del Árbol enfatiza en el crecimiento y tiene planetas benéficos, como Júpiter y Venus, mientras que el pilar izquierdo del Árbol representa la profundidad y las pasiones destructivas y contiene planetas maléficos, como Saturno y Marte.

En el pilar activo del Árbol, que simboliza el crecimiento, se encuentra a Venus (húmedo y fresco) y a Júpiter (húmedo y cálido). Esto se debe a que el atributo de «humedad» se asocia principalmente con el crecimiento y la fertilización. Por el contrario, en el pilar que representa la destrucción, encontramos a Saturno (frío y seco) y a Marte (caliente y seco) porque ambos planetas son de naturaleza seca y nada crece en un ambiente carente de agua. Pero cuando se reflexiona sobre la lógica que hay detrás de esta colocación de pilares y de las cartas, queda claro que ambas columnas (crecimiento y destrucción) son esenciales para mantener la existencia. Por lo tanto, los planetas del plano destructivo no deben ser rechazados. Por el contrario, son bienvenidos, abrazados y celebrados de forma similar a los planetas que invocan el crecimiento. Los planetas destructivos son esenciales porque, en cierto modo, preparan el camino para lo nuevo. Es bastante similar al concepto del Yin-Yang, donde la parte luminosa contiene un punto de oscuridad y la oscura tiene un punto de luz.

Según la filosofía del Árbol de la vida, cuando la existencia se vuelve demasiado monótona o poco aventurera, alguna acción devuelve automáticamente el equilibrio perdido. Del mismo modo, un exceso de acción también puede iniciar la fragmentación del universo, por lo que, para mantener el equilibrio, hay que desencadenar una contracción o detención en esas situaciones.

En pocas palabras, esta filosofía dicta que un estado desencadenará el otro en un intento de restablecer el equilibrio, lo cual es cierto en nuestra vida diaria, porque no buscamos ser excesivamente pasivos o activos. Nos esforzamos por mantener una cantidad equilibrada de las cualidades de ambos lados del Árbol de la vida.

Colocación de Mercurio

Mercurio está colocado en el pilar izquierdo del Árbol, en *Hod*, que representa la «reverberación», ya que tiene una naturaleza cambiante. Al igual que Saturno y Marte, Mercurio tiene una naturaleza seca. Sin embargo, tiene fama de ser el malabarista que lanza pelotas al aire sin avanzar realmente, ya que tiende a captar los atributos de cualquier planeta que esté cerca de él, por lo que Mercurio representa mejor la «forma» que la energía y se coloca en el pilar pasivo del Árbol de la vida.

Las posiciones del sol y la luna

Al estudiar la astrología cabalística, notará una diferencia clave con respecto a las ciencias astrológicas convencionales: se utilizan calendarios diferentes. La astrología convencional utiliza el calendario gregoriano o el solar. En cambio, la astrología cabalística utiliza el calendario hebreo y tiene en cuenta las posiciones de la luna y el sol. Esto permite controlar las influencias astrológicas de cada mes.

El sol y la luna representan la conciencia del yo y la conciencia del ego, respectivamente. También simbolizan el mundo, a quienes son únicos y actúan según sus pensamientos en particular y a quienes tienden a seguir las opiniones de las masas. El camino de la honestidad es el camino entre estos dos. Al analizar la relación entre el sol y la luna según esta perspectiva, se añade otra capa de significado a la carta natal. La luna, situada en *Yesod*, representa el mundo cotidiano y la forma en que reaccionamos ante diferentes situaciones, mientras que la colocación zodiacal del sol representa las decisiones tomadas desde una perspectiva superior.

La colocación de la luna en la posición de *Yesod* es buena, porque es importante tratar con ella en la vida cotidiana; ser egoísta en las situaciones de la vida diaria no es útil. Se crea un caos cuando el ego trata de interferir con la posición del sol como regente y el ego se vuelve invaluable. Por lo tanto, cuando alguien se comporta de manera diferente a su signo solar, es porque considera a la luna como su regente.

Astrología cabalística y tarot

En términos generales y muy amplios, tanto la astrología cabalística como el tarot entran en la categoría de lo esotérico debido a su naturaleza mística. El Árbol de la vida en la Cábala es un tema central que unifica la astrología cabalística y los mazos de cartas del tarot.

Según la astrología convencional, la carta natal ofrece un mapa detallado de la vida de un individuo y de cómo le afectan los planetas. Sin embargo, la cabalística traza un mapa de la conciencia de un individuo en el contexto del cosmos que lo rodea. Hay 22 letras en el alfabeto hebreo y 22 cartas en los arcanos mayores de la baraja de tarot. Hemos hablado de lo estrechamente que han estado vinculadas a través de los siglos las cartas del tarot y la Cábala. Además, estas 22 cartas se dividen en tres categorías exclusivas:

- Tres cartas madre que se relacionan con los elementos Aire, Fuego y Agua. En esta secuencia, notará que la «tierra» no está incluida, aunque es un tema importante. En realidad, el elemento «tierra» está siempre presente porque encarna y existe en todo.

- Siete letras dobles que están asociadas a los planetas visibles.

- Doce letras que se conectan con los símbolos del zodiaco o los meses del año.

Según la astrología cabalística, cuatro universos se relacionan con los cuatro reinos de la vida y los cuatro elementos:

- El plano espiritual y el mundo divino (*'Atzilut*) se asocian con el elemento «fuego».

- El plano mental y el mundo intelectual (*'Beriah*) se asocian con el elemento «aire».

- El plano emocional y el mundo psicológico (*'Yetzirah*) con el elemento «agua».

- El plano físico y el mundo material se asocian con el elemento «tierra».

La curación de la inmanencia

En la astrología cabalística, el sanador puede visualizar y concentrarse en la base del Árbol de la vida, que es el elemento tierra. A menudo, se describe como «la tierra que carece de luz propia y tiene un espacio de gravedad, centro y conciencia». El sanador cabalístico trata de encarnar un lugar de conciencia recordando que la presencia Divina se apodera de todo mientras conduce una sesión de sanación. De hecho, no hay ningún lugar en el que Dios no esté presente, por lo que no hay ningún lugar al que ir. Esta es la enseñanza central de la Cábala, que la Divinidad abarca todos los aspectos de las creaciones, y estas son esencialmente una manifestación del Dios Divino.

Inicialmente, los conceptos de la astrología cabalística, incluyendo el Árbol de la vida, la Escalera de Jacob y la alineación planetaria correspondiente, pueden parecer demasiado complejos. Pero cuando se estudian, son bastante simples y conllevan una perspectiva única para entender los misterios del universo.

Capítulo 8: Tiradas y conducción de lecturas

Ahora que se ha familiarizado con el significado general de las cartas de los arcanos mayores y los arcanos menores y su relación con la astrología cabalística, está listo para experimentar con las lecturas del tarot por sí mismo. Después de todo, no hay mejor manera de ver cómo las tiradas de tarot revelan las respuestas a sus preguntas que indagando. Sin embargo, queremos enfatizar que la lectura del tarot no es un consejo o predicción.

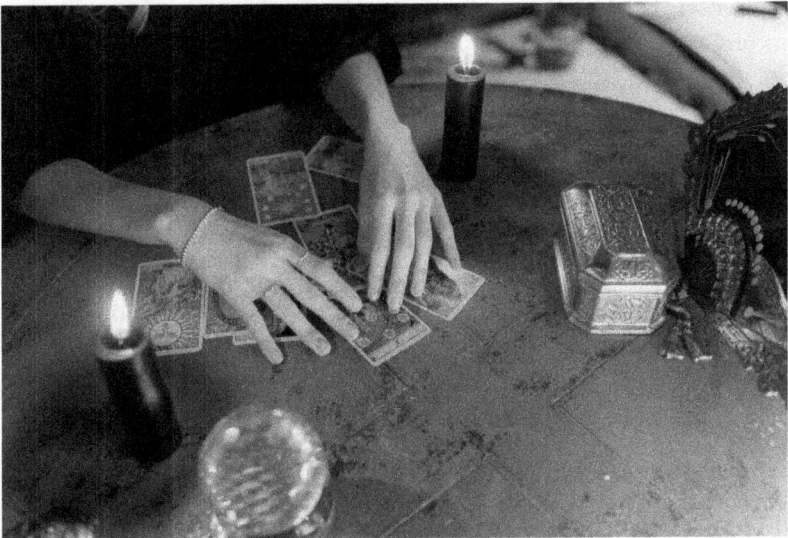

Las cartas solo revelan posibles resultados basados en sus acciones, pero estos resultados nunca deben ser interpretados o aceptados como hechos. Cada uno debe ser responsable de su vida y de sus elecciones, y las tiradas de cartas son solo una herramienta para revelar los deseos más íntimos. Recuerde que el tarot (y el tarot cabalístico) trabajan con energía espiritual. Esto significa que los resultados revelados por las cartas cambian tan rápidamente como lo hace su energía. Este capítulo contiene ejemplos de algunas tiradas sencillas, con las que podrá aprender y practicar cómo transferir su energía a las cartas e interpretar su significado. Por último, obtendrá una visión del tarot cabalístico del Árbol de la vida, una tirada intrínseca ligada a todos los reinos.

Tirada de una carta

La mejor manera de conocer su baraja es empezar tirando una carta. Esto vale si quiere sacar y contemplar una carta durante su meditación cabalística diaria, llevar un diario sobre las cartas individuales o sacar una carta cuando necesite una respuesta a una pregunta particular en cualquier momento del día. Aunque este proceso lleva más tiempo, se beneficiará de él a largo plazo. Concentrarse en una carta a la vez le permitirá memorizar su significado, su simbolismo y sus matices. Le ayudará a percibir la compleja energía de cada carta y a conectar esa energía con la suya propia. Una vez que vea cómo se relaciona su energía con la de las cartas, aprenderá a reconocer los temas y mensajes que le envían.

Antes de empezar la lectura, es bueno determinar el motivo por el que consulta las cartas. Empiece por centrar su mente en su intención. La meditación, una rápida exploración energética o un breve ejercicio de respiración pueden ayudarle a sintonizar con su cuerpo y su mente. Asegúrese de formular su pregunta con antelación para no confundirse durante la lectura. Con una tirada de una carta, es mejor concentrarse en una o como máximo dos preguntas. Escribir la intención en un papel le ayudará a memorizarla.

Estas son algunas preguntas sencillas, pero perspicaces, para hacer antes de la tirada de una carta:

- ¿Qué necesito aprender hoy?
- ¿Qué mensaje me envía mi intuición?

- ¿Qué carta puede ayudarme este día, semana, mes o año?
- ¿Qué carta me ayudará a alinearme hoy?
- ¿Qué puede ayudarme en mi viaje de curación?
- ¿Cómo puedo ayudar hoy?
- ¿Cuál de mis puntos fuertes necesitaré hoy?
- ¿Dónde necesito más aceptación y amor?
- ¿Qué puedo expresar o compartir con los demás?

Si necesita la ayuda de un guía espiritual durante la lectura, ahora es el momento de invocarlo también. El tarot cabalístico sugiere que se apoye en su yo más elevado, pero es libre de utilizar cualquier guía que sienta que será útil en cada situación. Si es la primera vez que usa una baraja, o no la ha usado en un tiempo, debería limpiarla de energía negativa con un incienso purificador, una vela o un hechizo (los capítulos anteriores de este libro le han dado una idea de cómo hacerlo).

Una vez hecho esto, puede plantear sus preguntas y elegir una carta. Coloque el papel con su pregunta delante de usted y repítala en su mente mientras baraja el mazo. Cuando sienta la necesidad de parar, elija una carta y dele la vuelta. Puede sacar una carta de cualquier parte del mazo, siempre que le parezca bien.

Coloque la carta que ha sacado sobre una superficie plana y reflexione sobre su mensaje. Esta será probablemente la parte más difícil del ejercicio, ya que es posible que no sienta conexión con la carta. Es normal, e incluso puede que se sienta tentado a buscar otra carta. Sin embargo, debe recordar que la carta ha venido a usted por una razón. Debe confiar en que sabe lo que necesita, aunque su significado no tenga sentido para usted en ese momento. Aquí es donde el diario o la meditación pueden ser útiles. A través de estos ejercicios, puede explorar una conexión personal con la carta que ha sacado.

No dude en investigar el significado de las cartas si quiere hacerlo, pero las respuestas que hay en ellas siempre están relacionadas con su intención y con lo que una carta concreta puede decirle durante una lectura. Lo más importante es que las cartas están conectadas con su energía, por lo que su mensaje será el reflejo de su voz interior. Mire la imagen de la carta y concéntrese en lo que primero venga a su mente, sin cuestionar sus pensamientos. Solo si no le viene nada a la cabeza, consulte el significado general de las cartas antes de interpretarlas.

Tirada de tres cartas

Una tirada de tres cartas es útil cuando todavía está al principio de su viaje con el Tarot, pero requiere un poco más de información que una tirada de una carta. Incluso si ya está familiarizado con el proceso, hacer una consulta compleja a partir de tres cartas siempre será más rápido que consultar una tirada más elaborada. Esta tirada es una de las formas más sencillas de leer varias cartas y vincular su significado a una historia. A partir de esta historia, puede obtener toda la información que necesite, independientemente de su experiencia o del problema que tenga en ese momento.

Al igual que con la tirada de una sola carta, empiece estableciendo su intención y escribiendo sus preguntas. Puede hacer preguntas similares, pero ahora puede hacer más para averiguar toda la historia. Prepárese mental y físicamente y, cuando esté listo, empiece a barajar el mazo. Concentrándose en su intención, saque tres cartas que le atraigan. Colóquelas frente a usted, boca arriba, y examínelas cuidadosamente, una por una. Mientras estudia las imágenes de las cartas que tiene delante, preste atención a cómo le hacen sentir. Asegúrese de fijarse bien en el tipo de cartas, ya que esto le dará pistas sobre la relación entre ellas. Por ejemplo, si todas las cartas son arcanos mayores, la historia tiene un impacto más sustancial en su vida.

Las tres cartas cuentan una historia, con un principio, un medio y un final, y así es exactamente como debe verlas. Piense que la primera carta le habla de algo que ha sucedido, la segunda le revela el resultado del evento y la tercera su reacción al mismo. O bien, puede considerar que las cartas representan su vida pasada, presente y futura y considerar los mensajes que envía cada una de ellas.

Una vez identificados los significados individuales de las cartas, debe encontrar el hilo de la historia que las une. A veces, la narración será visible de inmediato, mientras que otras veces necesitará reflexionar más sobre ella. Aproveche su intuición, ya que es de ahí de donde viene la historia. Puede tratarse de un acontecimiento pasado que afecta su vida actual o futura, de una relación significativa o de una emoción que vincula las cartas. Concéntrese en la narración que le parezca correcta y confíe en ella. Aunque todavía no entienda la historia, todo cobrará sentido con el tiempo. Manténgase positivo y no fuerce el proceso, por muy frustrado que se sienta aprendiendo a interpretar sus historias.

Practicar con esta tirada le facilitará encontrar lo que las cartas tienen en común, cómo se relacionan con su intuición y cómo ponerlas en perspectiva. Es una buena idea anotar sus historias en un diario, sobre todo mientras está aprendiendo a leer el tarot. Siempre puede consultarlas más tarde y contemplar su significado de nuevo para ver si adquieren sentido. A menudo encontrará un sentimiento que ha pasado por alto en la lectura inicial, y esto puede ser la pieza que falta para unir todo.

La tirada de la Cruz celta

Como tirada de tarot de diez cartas, la Cruz celta es más flexible y responde a una gama más amplia de preguntas que las dos anteriores. Lo que hace que esta tirada sea estupenda, tanto para los novatos como para los profesionales, es que puede practicar la lectura con una pregunta específica o sin ella. Puede utilizarse para examinar diferentes aspectos de la vida o simplemente para evaluar una situación o un acontecimiento. De todas formas, crear una narración a partir de diez cartas es mucho más complicado que leer a partir de una o tres cartas. Por esta razón, vale la pena tomarse el tiempo de explorar la tirada de la Cruz celta e identificar las posiciones de las cartas en las formaciones específicas. Así será más fácil relacionarlas.

La preparación para leer una tirada de la Cruz celta es tan sencilla como en las dos tiradas anteriores. Los pasos son enfocar la mente, establecer la intención, formular las preguntas y sacar las cartas que le atraen. Sin embargo, ahora es cuando las cosas se complican un poco más. Cuando elija la primera carta, colóquela boca arriba en posición vertical, y luego ponga la segunda carta encima, esta vez de forma horizontal. Coloque la tercera y la cuarta carta a los lados de la primera, a la izquierda y a la derecha respectivamente, en la misma posición. La quinta carta va encima de la primera y la siguiente debajo, también en posición vertical. Ha completado la primera sección de la tirada: la cruz. Coloque las cuatro cartas restantes en la parte inferior de la cruz, formando una línea recta horizontal. Esta es la segunda sección, llamada el báculo.

Las seis cartas de la sección de la cruz proporcionan una imagen completa de lo que está ocurriendo en su vida, ya sea de los cambios en su interior o de las circunstancias externas que le afectan. Para analizar el impacto completo, debe examinar la sección del báculo. Le mostrará cómo afecta el contexto a cada situación y cómo ejerce su influencia sobre ella. Las cartas de la cruz pueden desglosarse de varias maneras. Puede observar el círculo central formado por dos cartas y revelar la parte principal de su respuesta. Alrededor de ese círculo, hay cuatro cartas que representan los acontecimientos o áreas de la vida con los que se relaciona la respuesta.

Dando un paso más, puede dividir la cruz en dos secciones diferentes. La primera conformada por las cartas horizontales, que simbolizan el tiempo, y la segunda por las cartas verticales, que representan su conciencia. Por lo tanto, la lectura de las tiradas verticales y horizontales proporciona la imagen de dos tiradas más pequeñas, revelando sus deseos conscientes e inconscientes y su pasado, presente y futuro.

Ahora, está preparado para concentrarse en la posición individual de las cartas, que pueden revelar:

1. **Su presente o su interior:** Esta carta le permite ver lo que está ocurriendo en su vida en el momento presente o revelar el estado actual de su mente.

2. **El problema:** Representa el reto al que se enfrenta en el tiempo presente; la carta le muestra lo que necesita resolver para avanzar.

3. **El pasado:** La observación del pasado a través de esta carta muestra cómo los eventos ocurridos han dado forma a la situación actual.

4. **El futuro:** Esta carta representa posibles resultados que pueden llegar a ser verdaderos si nada en sus pensamientos, emociones y acciones actuales cambia. No proporciona una resolución final a sus problemas.

5. **Su mente consciente:** Esta carta ayuda a explorar en qué está enfocada su mente. Típicamente, revelará sus objetivos, deseos y suposiciones con respecto de la situación en la que está enfocada.

6. **Su subconsciente:** La carta de su subconsciente revela la fuerza que hay detrás de esta situación, incluyendo las creencias, pensamientos y sentimientos que tal vez aún no comprenda.

7. **Su influencia:** En general, esta carta se refiere a cómo se ve a sí mismo y cómo esto puede influir en el resultado de su situación. Las creencias que lleva y su capacidad para limitarse o crecer son factores están bajo su influencia.

8. **Factores externos:** Esta carta representa cómo los elementos del mundo que le rodea afectan su situación. Además de su entorno emocional y social, también destaca cómo le perciben los demás.

9. **Sus esperanzas y temores:** Esta carta destaca la naturaleza paradójica de las personas, ya que representa tanto lo que desea como lo que intenta evitar, aunque sean exactamente lo mismo.

10. **El resultado:** Como resumen de todos los mensajes anteriores, esta carta predice una probable resolución de los acontecimientos actuales o futuros, dadas las condiciones de su interior y su alrededor.

Recuerde que la última carta no siempre muestra el resultado que usted desea. En este caso, puede tomar dos caminos diferentes. Puede analizar el resto de las cartas con la esperanza de encontrar una pista sobre un resultado diferente, o archivar la lectura y a visitarla un poco más tarde para ver si la resolución parece más favorable que al principio.

Tirada cabalística del Árbol de la vida

Inspirada en las *sefirot* del Árbol de la vida cabalístico, esta tirada es una excelente herramienta para revelar las relaciones entre todas las cosas del universo. Abarca cuatro dimensiones: espiritual, psicológica, emocional y física, y puede hacerse con mandalas judíos, como el *Shiviti*. Los diez nodos del Árbol representan los misterios de cada uno de los reinos, y proporcionan una visión de sus pensamientos y deseos ocultos. Y lo que es más importante, esta tirada puede utilizarse para comprender cómo los acontecimientos de cada uno de los reinos afectan a su vida y utilizar esta información para establecer objetivos significativos. Esta tirada es un reto y solo se recomienda hacerla después de dominar las más sencillas.

La preparación es la misma que para todas las lecturas de tarot, adivinación o prácticas espirituales. Antes de empezar a tirar las cartas, hay que despejar la mente, lo que, para esta tirada, se hace mejor con la meditación. Este ejercicio permite una preparación más amplia que le beneficiará enormemente cuando llegue el momento de interpretar y conectar las cartas.

Cuando se sienta preparado, empiece a sacar las cartas y a colocarlas boca abajo ante usted, empezando por la primera, en la parte superior de su superficie. Coloque la segunda a su derecha y la tercera a su izquierda. A continuación, coloque la cuarta carta debajo de la segunda y la quinta debajo de la tercera. La séptima va debajo de la cuarta y la octava debajo de la primera. La sexta carta debe colocarse entre las cuatro anteriores y la primera. La novena va debajo de la sexta, mientras que la décima se coloca debajo de la novena. Ahora, debería tener un tronco formado por las cartas 6,9,10, dos ramas formadas por las cartas 3, 5, 8, y 2, 4, 7, respectivamente, y la carta número 1 conectando las dos ramas.

Aunque el significado espiritual profundo de cada carta juega un papel determinante en su lectura, puede utilizar la siguiente interpretación basada en la posición de las cartas:

1. **El Problema:** Esta carta representa el ideal o la meta más elevada que quiere alcanzar a través de la energía activa. Sin embargo, esta es solo la primera faceta del problema subyacente.

2. **La causa:** Esta carta destaca el segundo aspecto de la cuestión subyacente: la fuerza motriz de su problema. También puede representar una manifestación física del problema, como una persona.

3. **Un nuevo poder:** Esta carta ilustra fuerzas recién formadas que le ayudarán o dificultarán el proceso. Puede referirse a influencias agudas u oposiciones.

4. **Un viejo poder:** Otra carta que muestra fuerzas que pueden actuar a su favor o en su contra. Esta vez son más antiguas y representan objetos y relaciones que usted aprecia y considera sagrados.

5. **Sentimientos superficiales:** Esta carta representa el impacto que tendrá en los demás mientras trabaja en su objetivo. Se refiere al estado emocional y a los pensamientos, miedos y deseos que invoca.

6. **Emociones profundas:** Esta carta se refiere a la misma faceta que la carta anterior de esta tirada; representa su salud física y mental respecto de cómo afecta a los demás.

7. **El mundo físico:** Esta carta muestra cómo influyen en su vida sus relaciones, su propio cuerpo y su mente, el entorno de su hogar y sus posesiones físicas.

8. **Su persona:** Representando una imagen hacia el exterior, esta carta ofrece una visión de qué objetivo puede resultarle satisfactorio en función de cómo se proyecta a usted mismo y cómo le perciben los demás.

9. **El consejo:** Esta carta desvela su potencial oculto al revelar sus pasiones más íntimas. A menudo combina los deseos de su corazón con su racionalidad, mostrándole el camino a seguir.

10. **La sabiduría:** La última carta representa la sabiduría que puede encontrar en su interacción con el mundo físico. Ofreciendo una salida, la carta abre el potencial de crecimiento personal y le permite aprender todo lo que necesita para el futuro.

Aunque el objetivo de la lectura del tarot del Árbol de la vida es acceder a una fuente de mayor sabiduría a través de las cartas, nunca debe concentrarse en el significado de las cartas individuales. Recuerde que el Árbol de la vida no consiste únicamente en diez *sefirot* que representan los diez reinos. También tiene 22 caminos de conexión entre las *sefirot,* y estos son tan vitales como los propios reinos. Asegúrese de prestar atención a la forma en que las cartas se relacionan entre sí. Fíjese en los caminos que forman al conectarse unas con otras.

Otra cosa que debe tener en cuenta es el orden específico de la disposición de las cartas y de su interpretación. Como sabe, las raíces del Árbol de la vida se encuentran en la base y se mueven hacia arriba. Representan el más alto de los reinos, y las cartas en su posición son las más valiosas en esta tirada de tarot. No se preocupe si esto suena un poco confuso al principio. Con la práctica y la perspicacia, todo se vuelve más claro; por eso es fundamental dominar las tiradas básicas del tarot antes de pasar a esta.

Capítulo 9: Técnicas de adivinación y predicción

En el capítulo anterior, ha leído sobre las tiradas de cartas del tarot, que son estupendas para una consulta rápida de cuestiones cotidianas. Pero, ¿qué pasa si necesita información sobre un tema más amplio que afecte su futuro o averiguar si está tomando las decisiones correctas cuando trabaja para cumplir sus objetivos? En ese caso, debe recurrir a otras formas de adivinación empleando el poder del tarot y la Cábala.

Aunque pueda parecer que las cartas del tarot predicen el futuro, no es así. Pueden ayudarle a averiguar el suyo ofreciendo una guía y una visión de hacia dónde se dirige su curso de vida actual. Las cartas del tarot, e incluso los símbolos cabalísticos, pueden transmitir un mensaje, pero dependerá de usted descifrarlo. La forma en que interprete estos mensajes y las acciones que decida tomar al recibirlos determinarán su destino, y no la sesión de adivinación en sí. Usted es el mayor creador de su destino; solo recibe un poco de ayuda de la herramienta de adivinación que decida usar.

Otra cosa a tener en cuenta es que una lectura de las cartas, además de mostrar lo que necesita, también le guían hacia el futuro que realmente desea. Al conectar con su sabiduría interior, desvelan deseos ocultos y le ayudan a comprenderlos mejor. La mayoría de las veces, los resultados de su sesión de adivinación le sorprenderán.

Técnicas sencillas de adivinación

Hay muchas maneras de utilizar el tarot y la Cábala para practicar la adivinación y revelar detalles sobre su ciclo de vida. Escoja una carta, y si desea algunas adicionales para clarificar. Los practicantes avanzados sacan una carta de varias barajas, ya que, a través de la experiencia y el uso, han formado diferentes conexiones energéticas con cada una de ellas. Esto les permite obtener más información sobre el tema que están investigando. Sin embargo, para empezar, puede utilizar los métodos sencillos que se describen a continuación.

Adivinación con una carta

Un simple ejercicio como transferir su energía a la carta que ha elegido puede revelar una historia específica que necesita experimentar para tener una vida mejor. Para ello, tendrá que encontrar un lugar tranquilo, hacer algunos ejercicios de respiración profunda para relajarse y concentrarse en la tarea que tiene por delante. Cuando esté preparado, baraje el mazo y saque la primera carta que le atraiga. Mírela brevemente, luego cierre los ojos y entre con su mente en la imagen de la carta. Esto aumentará sus habilidades de visualización y su capacidad psíquica. Las diferentes cartas sugieren diferentes pruebas y tribulaciones que pueden esperarle en un futuro próximo.

Por ejemplo, las cartas de los arcanos mayores representan la energía de sus guías. Son cartas a través de las cuales sus antepasados, deidades y otros espíritus transmiten sus mensajes. Lo más probable es que aparezcan si necesita orientación general en la vida. Por otro lado, si saca una carta de los arcanos menores, se enfrentará a retos relacionados con personas y situaciones específicas. Por ejemplo, sacar el cuatro de copas le advierte que debe dejar de ignorar una emoción sobre un acontecimiento próximo.

Debe centrarse en invocar cualquier imagen que le venga a la mente cuando tenga una carta. Preste atención a los pensamientos, las emociones y los estímulos sensoriales que inundan inmediatamente su mente cuando mira la carta. Estos son producto de su energía espiritual. Cuando tenga una imagen clara en la mente, respire profundamente, abra los ojos y considere el significado del mensaje. Si la carta no produce una imagen que pueda asociar con alguna parte de su vida, puede sacar otra para ver si le ayuda a entender el mensaje.

Adivinación con tres cartas

De forma similar a la anterior, una tirada de tres cartas también puede utilizarse con fines adivinatorios específicos. Si tiene una pregunta concreta que requiere solo un «sí» o un «no» como respuesta, necesitará el refuerzo de las cartas adicionales. Haga este ejercicio en un espacio donde pueda concentrar sus pensamientos y dedicar todo el tiempo que necesite a reflexionar. Baraje el mazo y, cuando esté preparado, saque tres cartas al azar. La carta superior (la primera) será la más importante, pero asegúrese de prestar atención a las otras dos.

Por ejemplo, si quiere saber si debe considerar una oferta de trabajo que acaba de recibir, la carta superior le dirá si es una buena idea. Las otras dos cartas reforzarán el mensaje de la primera o lo negarán. Incluso si la primera dice que siga adelante, las otras dos pueden advertirle sobre posibles problemas con esa oferta concreta. Si salen en forma invertida, evocarán imágenes negativas en su mente.

Esta es una pregunta específica que requiere una respuesta concreta, por lo que debe asegurarse de que las cartas le hablan del acontecimiento que le interesa. Asegúrese de tomar las imágenes de la carta superior para ver si realmente habla de esa oferta de trabajo y no de otros acontecimientos o influencias. Después de visualizar e interpretar las tres cartas, tómese un tiempo para considerar el lado bueno y el malo de la situación antes de decidir.

Si le interesa conocer los acontecimientos de su futuro, pero se alegra de ignorar detalles concretos, puede utilizar la versión con limitación temporal de esta misma técnica. En este caso, debe decidir un curso de acción justo antes de sacar las tres cartas y luego preguntarles sobre el resultado de los próximos tres a seis meses. Cuanto más adelante intente mirar, más probable será que cambie su camino y se altere el resultado.

Uso de guías de cristales

También puede utilizar una guía de cristales con la forma del Árbol de la vida para potenciar sus habilidades adivinatorias. Para hacer una guía poderosa basada en la pregunta que le haga al Árbol de la vida, necesitará usar cristales durante la adivinación. Aunque los cristales son conocidos por traer equilibrio a su vida, a veces solo puede conseguirlo después de obtener respuesta a algunas de sus preguntas. Los cristales más eficaces para este propósito son la amatista, el ágata de encaje azul, el citrino, la labradorita, el jaspe policromo, el jaspe rojo y el ágata blanca.

Pero, ¿cómo funcionan las guías de cristales? Es muy sencillo. Cuando elige un patrón geométrico y coloca las piedras en esa forma, abre una puerta para la energía espiritual. La guía de cristales absorbe esta energía, la transforma en la forma que mejor pueda utilizar y la dirige hacia su manifestación. Esta puede ser un lugar, un objeto, un concepto o una persona, si está guiando a otra persona. En cierto modo, la guía funciona igual que las oraciones, los viajes, las lecturas o cualquier otra técnica de adivinación. Recuerde que la respuesta que busca no solo proviene de su energía. Su yo superior, sus antepasados y sus guías espirituales también pueden dirigirlo. Las guías de cristales le permiten conectar con esas energías.

Ahora que entiende cómo funcionan, es hora de que aprenda a instalar y utilizar una. Empiece por limpiar su espacio (esto se aplica tanto a su mente como al área donde va a trabajar). Puede utilizar incienso, sales o cualquier otro método, incluso limpiar físicamente el espacio si eso le funciona. Expulse cualquier energía innecesaria de su espacio y empiece a prepararse mentalmente. Dibuje o haga un círculo alrededor del lugar donde va a trabajar y siéntese en su centro. El círculo está ahí para marcar la zona a la que se dirigirá la energía de todo el espacio. Apague sus aparatos electrónicos y, si trabaja en el exterior, asegúrese de estar alejado de cualquier distracción.

Si tiene una superficie especial que quiera utilizar para crear la guía, póngala en el suelo. No pasa nada si no tiene nada especial. Cualquier superficie plana servirá, siempre que la guía pueda permanecer segura durante el ritual. Ahora, establezca su intención. Recuerde que la intención es energía que fluye a través del tiempo y el espacio. Como no tiene una forma específica, no puede ser contenida durante mucho tiempo. La guía de cristales le ayudará a concentrarse el tiempo suficiente para manifestarla, pero para que esto funcione, tendrá que dejarla lo suficientemente clara para que la guía pueda captarla. Aunque el Árbol de la vida es un símbolo poderoso, puede que necesite otro incentivo en el que concentrarse. Ya sea una representación de su guía espiritual, o cualquier otra cosa, sostenerlo frente a usted obligará a su mente a concentrarse en su objetivo. Incluso puede utilizar una baraja de tarot o una sola carta como inspiración. Esto es especialmente útil si no puede interpretar las cartas que ha sacado en sus lecturas de tarot anteriores.

Cuando sienta que tiene una intención en mente, examínela para ver si es realmente lo que busca. Si está seguro de que puede ayudarle a llegar a la raíz del asunto, estará listo para enviar su mensaje al universo a través de la guía. Utilizando su intuición una vez más, seleccione el cristal que va a utilizar. Asegúrese de sentir una conexión hacia cada uno de ellos, ya que serán los conductores de su energía. También necesitará una tarjeta con el patrón del Árbol de la vida, que colocará en el centro del espacio. Comience a colocar los cristales en ella en el sentido de las agujas del reloj. Cuando llegue a la parte superior del patrón, baje hacia el pilar central.

En este momento, puede hacer una invocación o una oración, determinando aún más su concentración. A continuación, diga su intención en voz alta para que la vibración de su voz active la transferencia de energía a través de los cristales. Visualice lo que busca para su futuro. Cree una imagen de usted mismo en la situación que quiere conocer con todos los detalles que pueda. Permita que su cuerpo sienta lo que está experimentando en su cabeza.

Activar la guía con su intención es solo el comienzo del proceso. Debe canalizar el flujo de energía a través de su cuerpo para hacerse uno con el campo energético de la guía. Empiece tocando con el dedo índice una de las piedras del centro del símbolo. A continuación, trace el patrón de una piedra a otra, realizando el mismo movimiento que hizo al establecer la guía. Sienta la energía que fluye de los cristales a medida que conecta los puntos de la guía.

Cuando establezca una conexión sólida con los cristales, la guía le permitirá interactuar con ella. Puede volver a expresar su mensaje, en voz alta o mentalmente, y enviarlo al universo. Tómese el tiempo que necesite para ello. Si cree que ha terminado, puede cerrar la guía o renovarla. Esta última opción es estupenda si practica con frecuencia y necesita que su guía se mantenga permanentemente. De todas formas, además de tenerlo en cuenta a la hora de trabajar, debe mantener su guía. Los cristales deben limpiarse después de cada trabajo para evitar que la energía residual obstaculice los resultados de su siguiente sesión. Puede utilizar el mismo método que para limpiar su espacio.

Predicción

La predicción es otra forma de ampliar sus habilidades psíquicas. Esta práctica implica proyectarse en un área de reflexión, y para ella puede utilizar tanto los elementos del tarot como los de la Cábala. Hay varias maneras de predicción, y puede aplicar cualquiera de sus sentidos en el proceso. Las prácticas más populares son la predicción visual y la auditiva, siendo la primera la más recomendada para los principiantes.

Sea cual sea el método que elija, el primer paso es elegir el medio. El agua, la arena oscura, los cristales, la cera, el fuego, la llama de una vela, los azulejos y un espejo negro son algunas de las superficies reflectantes que sirven como medio. Para incorporar la predicción a su práctica cabalística, utilice una esfera de cristal oscuro o un trozo de vidrio o cristal adornado con el Árbol de la vida.

La adivinación puede parecer complicada e incluso intimidante, pero con suficiente práctica y dedicación, cualquiera puede dominarla. Asegúrese de empezar su aprendizaje en un lugar donde pueda trabajar sin ser molestado. Después de desarrollar sus habilidades de predicción, será capaz de hacerlo en cualquier lugar que desee, siempre y cuando tenga un medio adecuado.

Una vez que haya elegido su medio, busque un espacio tranquilo, como el que usaría para meditar. Puede bajar las luces y oscurecer una habitación si le ayuda a concentrarse. La clave es relajar la mente, separar los pensamientos de su vida cotidiana y archivarlos para que no le molesten durante la predicción. Respire profundamente unas cuantas veces y deje que sus preocupaciones se disipen hasta que sienta que su conciencia se altera.

Establezca una intención para la predicción. Puede ser cualquier cosa, desde averiguar qué le depara el futuro hasta pedir consejo sobre una decisión que debe tomar. Incluso puede ser su forma de comunicarse con su ser superior u otro guía espiritual. A diferencia de las lecturas del tarot, la predicción funciona mejor con frases descriptivas cortas y no con preguntas. Por lo tanto, trate de describir lo que busca de la manera más concreta posible y luego concéntrese en ello. Escríbalo si le ayuda a llevarlo al centro de su mente consciente.

Si le resulta difícil formular su intención de una manera que no sea una pregunta, al menos no la haga de forma vaga. Dicho esto, hacer preguntas de sí o no cuando está mirando un símbolo tampoco le ayudará. Sea exigente y vaya directamente al grano recitando algo como:

- ¿Qué ocurre si doy este paso?
- Muéstrame las consecuencias de dar este paso.
- ¿Qué puedo esperar de esta situación concreta?
- Quiero saber si esta situación/evento/acción me ayudará a crecer.

Mire la superficie de su cristal y fíjese en todos los detalles del símbolo del Árbol de la vida que hay en él. Deje que su mente conjure una imagen que asocie con ese símbolo en ese momento. No intente crear nuevas imágenes, aunque no le guste lo que ve. Al principio, las imágenes pueden parecer borrosas, pero cuanto más practique, más vívidas serán. Incluso entonces, puede parecer un sueño, lo cual es totalmente normal, al igual que es típico tener una experiencia diferente en cada sesión de adivinación. A veces, verá solo formas, y a veces será testigo de eventos completos, como si estuviera viendo una película. Todo depende de sus necesidades y de sus conexiones con su médium y sus guías espirituales (si utiliza alguno).

Tanto si se trata de una predicción visual como si no, los demás sentidos pueden intervenir. Si el mensaje que necesita es lo suficientemente fuerte, probablemente oirá, olerá, saboreará y sentirá cosas, aunque solo quiera verlas. Otra cosa que ocurre comúnmente durante la adivinación es ver o sentir fechas y palabras específicas. Asegúrese de anotarlas junto con todo lo demás. A menudo, contienen pistas para interpretar otras partes del mensaje.

El proceso puede durar tanto o tan poco como sea necesario para que descubra lo que quiere. Cuando sienta que ha experimentado todo lo que necesita, puede dejar que sus pensamientos vuelvan. Si es principiante, puede que le resulte difícil interpretar el mensaje de inmediato. Si esto ocurre, déjelo a un lado en el papel o diario en el que lo ha anotado y vuelva a él cuando se sienta preparado para descifrarlo. Si la adivinación le resulta agotadora, no dude en tomarse un tiempo para conectarse a tierra después. Coma, beba, descanse en la naturaleza o haga cualquier otra cosa que considere necesaria para recargar su energía.

Tanto si interpreta el mensaje de inmediato como si lo hace más tarde, siempre debe dejarse guiar por su intuición. Aunque su experiencia haya sido negativa, su intuición le muestra todo por una razón. Puede estar relacionada con un aspecto de la vida del que no es consciente, o puede ser un reflejo de las acciones de otra persona que están afectando su vida. Si la experiencia cambia cada vez que adivina, lo más probable es que esté recibiendo respuestas alternativas a su consulta. Para evitar confusiones, opte por la primera, ya que proviene de sus entrañas. La mayoría de las veces, es la correcta. Algunos mensajes tendrán un significado espiritual, mientras que otros estarán más relacionados con sus pensamientos y sentimientos internos.

Conclusión

Este libro explora la interesante pero compleja relación entre el tarot y la Cábala. Sirve como una guía que le enseña todo lo que necesita saber sobre el tarot cabalístico, la adivinación y la astrología. Su estructura de fácil lectura y comprensión lo hace perfecto para los principiantes, y su minuciosidad lo hace perfecto para los lectores más experimentados que desean repasar sus conocimientos. Este libro es una fuente de consulta definitiva siempre que necesite volver a revisar ciertos detalles.

La baraja del tarot, originada en el norte de Italia en los siglos XIV y XV, con sus figuras e ilustraciones inspiradas en los desfiles de carnaval, sigue siendo una de las herramientas de adivinación más populares en la actualidad. Las cartas del tarot son los símbolos arquetípicos que sirven como viaje simbólico del alma. Cada carta también conduce a un camino en el Árbol de la vida cabalístico, donde los dos sistemas de creencias se conectan.

La tradición cabalística es una fuente muy amplia del misticismo judío y sus prácticas. Proporciona una visión profunda de sus rituales y oraciones. La mayoría de estas prácticas se asocian con la exploración de las formas en las que se puede lograr unidad con el Creador. Sin embargo, una parte de estos rituales y oraciones está directa o indirectamente relacionada con el tarot. La mayoría de los místicos practican sus prácticas cabalísticas con técnicas de atención plena. Estos ejercicios van desde métodos básicos de respiración hasta formas más complejas de meditación y yoga. Incluso suelen incorporar estos ejercicios en los rituales.

El Árbol de la vida representa de forma única cómo el Creador expresa su energía creativa y la manifiesta en el universo. Esto puede verse a través de los seres humanos y criaturas más divinas como los ángeles. Las ramas del árbol son símbolos de las fuentes creativas esenciales supervisadas por un determinado arcángel. Quienes practican la Cábala sugieren que puede forjarse una conexión espiritual más profunda con lo divino si se centra en una de estas energías.

El viaje del Loco es el camino colectivo de los arcanos mayores, según la Cábala. Este viaje ilustra el descenso de una persona en el mundo físico y su viaje hacia la luz. Al principio, el Loco se presenta como una forma cruda de energía. Después, el arquetipo recorre todo el camino de los arcanos mayores hasta que el viajero alcanza su pleno potencial. Para evolucionar la espiritualidad y convertirse en la mejor versión de sí mismo, hay que seguir los caminos entre un *Sephira* y otro. Las cartas de los arcanos menores son más relevantes para el reino físico y el mundo que nos rodea. Permiten ver los aspectos prácticos del mundo físico y material. Por eso es más fácil sintonizar con las cartas de los arcanos menores en nuestra vida personal y profesional.

El sistema cabalístico de la astrología funciona en el marco del Árbol de la vida, que se considera un mapa de todo el universo, en el que cada *sefira* corresponde a un determinado planeta. Este concepto se asocia y puede aplicarse al tarot. Las cartas del tarot se pueden utilizar para varios propósitos, además de realizar lecturas. Puede utilizarlas para otros métodos de adivinación y predicción, y combinarlas con otras herramientas para mejorar sus habilidades psíquicas.

Vea más libros escritos por Mari Silva

Su regalo gratuito

¡Gracias por descargar este libro! Si desea aprender más acerca de varios temas de espiritualidad, entonces únase a la comunidad de Mari Silva y obtenga el MP3 de meditación guiada para despertar su tercer ojo. Este MP3 de meditación guiada está diseñado para abrir y fortalecer el tercer ojo para que pueda experimentar un estado superior de conciencia.

https://livetolearn.lpages.co/mari-silva-third-eye-meditation-mp3-spanish/

Referencias

Antoine Court de Gebelin. (n.d.). Stringfixer.Com.
https://stringfixer.com/tr/Antoine_Court_de_Gebelin

ARTE. (s.f.). Los misterios del tarot de Marseille. ARTE Boutique - Films et séries en VOD, DVD, location VOD, documentaires, spectacles, Blu-ray, livres et BD. https://boutique.arte.tv/detail/mysteres_tarot_marseille

Bryce, C. (2021, 20 de mayo). ¿Cuáles son los orígenes del tarot? Esri.
https://storymaps.arcgis.com/stories/4732a3f9fd9c4bcc94d79d2dea1c1cdb

Clasificación, O. (n.d.). La sociedad internacional de juegos de cartas PATTERN SHEET suit system IT. I-p-c-s.Org. https://i-p-c-s.org/pattern/PS002.pdf

Lectura de Tarot gratuita: Comience su viaje. (n.d.). 7Tarot.Com.
https://www.7tarot.com

Jean-Baptiste Alliette -. (n.d.). Herencia del Tarot. https://tarot-heritage.com/tag/jean-baptiste-alliette

Orígenes del tarot de Marsella - revista púrpura. (2011, 10 de mayo). Púrpura. https://purple.fr/magazine/fw-2009-issue-12/origins-of-the-tarot-of-marseille

Parlett, D. (2009). tarot. En Enciclopedia Británica.

Barajas de tarot Rider Waite. (n.d.). Rider Waite Tarot Decks.
https://riderwaitetarotdecks.com

Tarocchino Milanese. (n.d.). I-p-c-s.Org. https://i-p-c-s.org/pattern/ps-5.html

Tarot -- Philippe Camoin y la reconstrucción del tarot -- camoin tarot de Marseille (Tarot de Marsella). (n.d.). Camoin.Com.
https://en.camoin.com/tarot/-Philippe-Camoin-Tarot-Restoration-en-.html

Tarot de Besançon. (n.d.). I-p-c-s.Org. https://i-p-c-s.org/pattern/ps-6.html

Mitología del Tarot: Los sorprendentes orígenes de las cartas más incomprendidas del mundo. (n.d.). Collectors Weekly. https://www.collectorsweekly.com/articles/the-surprising-origins-of-tarot-most-misunderstood-cards

Mitología del Tarot: Los sorprendentes orígenes de las cartas más incomprendidas del mundo. (2015, 4 de diciembre). Mentalfloss.Com. https://www.mentalfloss.com/article/71927/tarot-mythology-surprising-origins-worlds-most-misunderstood-cards

Tarot del patrimonio marsellés. (n.d.). Tarot del Patrimonio de Marsella - Galería de tarots históricos. Tarot-de-Marseille-Heritage.Com

https://tarot-de-marseille-heritage.com/english/historic_tarots_gallery.html

La fascinante historia de las cartas del tarot, de juego de cartas convencional a ritual mágico. (2020, 19 de abril). My Modern Met. https://mymodernmet.com/history-of-tarot-cards

Cartas de tarot Visconti-Sforza. (2015, 9 de septiembre). The Morgan Library & Museum. https://www.themorgan.org/collection/tarot-cards

Baraja de tarot Visconti-Sforza. (n.d.). Tarot.Com. https://www.tarot.com/tarot/decks/visconti

Waite, E. A. (1993). Baraja de Tarot Rider Waite. Rider.

Wigington, P. (s.f.). A brief history of Tarot. Learn Religions. https://www.learnreligions.com/a-brief-history-of-tarot-2562770

Aleph - el poder del Loco en el camino de la emanación a la expansión. (2018, 1 de agosto). Aliento místico. https://mysticalbreath.com/aleph-hebrew-alphabet

Auntietarot. (2016, 19 de junio). La cábala y el tarot. Auntietarot. https://auntietarot.wordpress.com/2016/06/19/the-qabalah-the-tarot

Adivinación: Es más judía de lo que crees. (s.f.). Jewish Women's Archive. https://jwa.org/blog/divination-its-more-jewish-you-think

Giles, C. (2021, 23 de junio). Cábala y tarot: El Árbol de la vida. Perspectives on Tarot. https://medium.com/tarot-a-textual-project/kabbalah-and-tarot-the-tree-of-life-ef0c170390c9

Correlaciones de cartas hebreas en el tarot. (n.d.). Tarotforum.Net. https://www.tarotforum.net/showthread.php?t=21452

Huets, J. (2021, 19 de febrero). La Cábala y el tarot ocultista, parte II. JEAN HUETS. https://jeanhuets.com/kabbalah-and-occult-tarot-part-2

La cábala, el tarot y la profundización en el judaísmo místico. (n.d.). Reform Judaism. https://reformjudaism.org/blog/kabbalah-tarot-and-delving-mystical-judaism

El tarot cabalístico: la sabiduría hebrea en los arcanos mayores y menores (libro de bolsillo). (n.d.). Rjjulia.Com. https://www.rjjulia.com/book/9781594770647

Kliegman, I. (1997). El tarot y el Árbol de la vida: Encontrando la sabiduría cotidiana en los arcanos menores. Quest Books.

Krafchow, D. (2005). Tarot cabalístico: sabiduría hebrea en los arcanos mayores y menores. Inner Traditions International.

Laterman, K. (2021, 29 de enero). Cómo pasa los domingos un tarotista cabalístico. The New York Times. https://www.nytimes.com/2021/01/29/nyregion/coronavirus-nyc-tarot-kabbalah.html

Merkabah. (n.d.). Newworldencyclopedia.Org. https://www.newworldencyclopedia.org/entry/Merkabah

Mi aprendizaje judío. (2003, 10 de febrero). Cábala y misticismo 101. My Jewish Learning. https://www.myjewishlearning.com/article/kabbalah-mysticism-101

Oracle, D. ˜. A. (2017, 26 de febrero). La *shekinah*. Oráculo del Arcángel. https://archangeloracle.com/2017/02/26/the-shekinah

Robinson, G. (2002, 15 de noviembre). El misticismo de la *merkavá*: El carro y la cámara. My Jewish Learning. https://www.myjewishlearning.com/article/merkavah-mysticism-the-chariot-and-the-chamber

Sarkozi, C. (2021, 18 de febrero). La sorprendente conexión entre la Torá y el tarot. Alma. https://www.heyalma.com/the-surprising-connection-between-torah-and-tarot

Shekinah (La Papess) Beth-Moon. (n.d.). Tarotforum.Net. https://www.tarotforum.net/showthread.php?t=36612

El tarot y las correspondencias con el Árbol de la vida. (2020, 8 de julio). Labyrinthos. https://labyrinthos.co/blogs/learn-tarot-with-labyrinthos-academy/the-tarot-and-the-tree-of-life-correspondences

El Árbol de la vida y el tarot. (2012, 20 de septiembre). El tarot de verdad me enseña. https://teachmetarot.com/part-iii-major-arcana/the-kabbalah/the-sephiroth

Valente, J. (2017, 8 de mayo). La (especie de) historia secreta de la cábala en el tarot. Luna Magazine. http://webcache.googleusercontent.com/search?q=cache:K1JGtWtWPRMJ:www.lunalunamagazine.com/dark/the-sort-of-secret-kabbalah-history-in-tarot+&cd=6&hl=en&ct=clnk&gl=tr

Weor, S. A. (2010). Tarot y cábala: El camino de la iniciación en los arcanos sagrados. Glorian Publishing.

¿Qué es la Cábala? (2014). En Cábala : Una guía para los perplejos. Continuum.

¿Cuál es la opinión judía sobre el uso de las cartas del tarot y la adivinación? (s.f.). Timesofisrael.Com. https://jewishweek.timesofisrael.com/what-is-the-jewish-opinion-on-the-use-of-tarot-cards-and-fortune-telling

Z. (2021, 23 de agosto). La historia judía del tarot. Jewitches. https://www.jewitches.com/post/is-tarot-jewish

Hammer, R. J. (2021, 8 de noviembre). Sefer Yetzirah: El Libro de la Creación. My Jewish Learning. https://www.myjewishlearning.com/article/sefer-yetzirah-the-book-of-creation

Ratzabi, H. (2002, 15 de noviembre). The Zohar. Mi aprendizaje judío. https://www.myjewishlearning.com/article/the-zohar

Liben, R. D., y JewishBoston. (2013, 2 de abril). ¿Qué es contar el *Omer*? ¿Cómo puedo participar? JewishBoston. https://www.jewishboston.com/read/what-is-counting-the-omer-how-can-i-participate

Jacobs, R. J. (2007, 29 de marzo). Cómo contar el *Omer*. Mi aprendizaje judío. https://www.myjewishlearning.com/article/how-to-count-the-omer

El Pilar del Medio. (n.d.). Webofqabalah.Com. https://www.webofqabalah.com/id25.html

La Cruz cabalística. (n.d.). Webofqabalah.Com. https://www.webofqabalah.com/id24.html

Erdstein, B. E. (2010, 1 de noviembre). Up at Midnight. Chabad.Org.

Vernon, J. (2016, 12 de septiembre). Introducción al tarot y a la Cábala: *Chesed* y los cuatros del tarot. Joy Vernon Astrología * Tarot * Reiki. https://joyvernon.com/introduction-to-tarot-and-qabalah-chesed-and-the-tarot-fours

El Árbol de la vida - *Netzach* - la Cábala y las *sefirot*. (2018, 27 de noviembre). Tarot de la ciudad. https://www.citytarot.com/netzach/

Hopler, W. (s.f.). ¿Cuáles son los nombres divinos en el Árbol de la vida de la Cábala? Aprender Religiones. https://www.learnreligions.com/divine-names-kabbalah-tree-of-life-124389

La vida contemplativa. (s.f.). La vida contemplativa. https://www.thecontemplativelife.org/meditative-kabbalah

Hopler, W. (s.f.-b). ¿Quiénes son los ángeles del Árbol de la vida de la Cábala? Aprenda las religiones. https://www.learnreligions.com/angels-kabbalah-tree-of-life-124294

El tarot y las correspondencias del Árbol de la vida. (2020, 8 de julio). Labyrinthos. https://labyrinthos.co/blogs/learn-tarot-with-labyrinthos-academy/the-tarot-and-the-tree-of-life-correspondences

Cábala y tarot - aprenda la conexión entre el tarot y la Cábala. (2018, 8 de noviembre). City Tarot. https://www.citytarot.com/kabbalah-tarot-major-arcana

El Árbol de la vida y el tarot. (2012, 20 de septiembre). Enséñame de verdad el tarot. https://teachmetarot.com/part-iii-major-arcana/the-kabbalah/the-sephiroth

El significado de El Loco - Significado de las cartas de los arcanos mayores del tarot. (2017, 6 de marzo). Labyrinthos. https://labyrinthos.co/blogs/tarot-card-meanings-list/the-fool-meaning-major-arcana-tarot-card-meanings

El Loco - Cartas de los arcanos mayores. (n.d.). Sunnyray.Org. https://www.sunnyray.org/The-fool.htm

El significado del Mago - Significado de las cartas de los arcanos mayores del tarot. (2017, 6 de marzo). Labyrinthos. https://labyrinthos.co/blogs/tarot-card-meanings-list/the-magician-meaning-major-arcana-tarot-card-meanings

La carta del tarot del Mago, significado e interpretación. (n.d.). Kasamba.Com. https://www.kasamba.com/tarot-reading/decks/major-arcana/the-magician-card

El significado de la Suma Sacerdotisa - Significado de las cartas de los arcanos mayores del tarot. (2017, 6 de marzo). Labyrinthos. https://labyrinthos.co/blogs/tarot-card-meanings-list/the-high-priestess-meaning-major-arcana-tarot-card-meanings

La Suma Sacerdotisa, carta del tarot, significado e interpretación. (n.d.). Kasamba.Com. https://www.kasamba.com/tarot-reading/decks/major-arcana/the-high-priestess-card

El significado de la Emperatriz - Significado de las cartas de los arcanos mayores del tarot. (2017, 6 de marzo). Labyrinthos. https://labyrinthos.co/blogs/tarot-card-meanings-list/the-empress-meaning-major-arcana-tarot-card-meanings

La Emperatriz, carta del tarot, significado y definición inversa. (n.d.). Kasamba.Com.

https://www.kasamba.com/tarot-reading/decks/major-arcana/the-empress-card

El significado del Emperador - Significado de las cartas de los arcanos mayores del tarot. (2017, 6 de marzo). Labyrinthos. https://labyrinthos.co/blogs/tarot-card-meanings-list/the-emperor-meaning-major-arcana-tarot-card-meanings

Reader, I. F. a. K. (n.d.). Significado detallado de la carta del tarot del Emperador. Kasamba.Com.

https://www.kasamba.com/tarot-reading/decks/major-arcana/the-emperor-card

El significado del Hierofante - Significado de las cartas de los arcanos mayores del tarot. (2017, 7 de marzo). Labyrinthos. https://labyrinthos.co/blogs/tarot-card-meanings-list/the-hierophant-meaning-major-arcana-tarot-card-meanings

La carta del tarot del Hierofante. (n.d.). Sunnyray.Org. https://www.sunnyray.org/The-hierophant.htm

El significado de los Enamorados - Significado de las cartas de los arcanos mayores del tarot. (2017, 7 de marzo). Labyrinthos. https://labyrinthos.co/blogs/tarot-card-meanings-list/the-lovers-meaning-major-arcana-tarot-card-meanings

Reader, I. F. a. K. (n.d.). Interpretación y significado de la carta del tarot de los Enamorados. Kasamba.Com. https://www.kasamba.com/tarot-reading/decks/major-arcana/the-lovers-card

El significado del Carro - Significado de las cartas de los arcanos mayores del tarot. (2017, 7 de marzo). Labyrinthos. https://labyrinthos.co/blogs/tarot-card-meanings-list/the-chariot-meaning-major-arcana-tarot-card-meanings

El significado de los arcanos mayores del Carro. (n.d.). Sunnyray.Org. Recuperado.de

https://www.sunnyray.org/The-chariot.htm

Significado de la Fuerza - Significado de las cartas de los arcanos mayores del tarot. (2017, 7 de marzo). Labyrinthos. https://labyrinthos.co/blogs/tarot-card-meanings-list/strength-meaning-major-arcana-tarot-card-meanings

Significado y simbolismo de la carta del tarot de la Fuerza. (n.d.).
Sunnyray.Org.

https://www.sunnyray.org/Meaning-and-symbolism-of-strength-tarot-card.htm

El significado de el Ermitaño - Significado de las cartas de los arcanos
mayores del tarot. (2017, 7 de marzo). Labyrinthos.
https://labyrinthos.co/blogs/tarot-card-meanings-list/the-hermit-meaning-major-arcana-tarot-card-meanings

El Ermitaño - Arcanos mayores 9. (n.d.). Sunnyray.Org.
https://www.sunnyray.org/The-hermit-major-arcana-9.htm

Significado de la Rueda de la Fortuna - Significado de las cartas de los
arcanos mayores del tarot. (2017, 7 de marzo). Labyrinthos.
https://labyrinthos.co/blogs/tarot-card-meanings-list/the-wheel-of-fortune-meaning-major-arcana-tarot-card-meanings

Rueda de la Fortuna - Significados y simbolismo. (n.d.). Sunnyray.Org.

https://www.sunnyray.org/Wheel-of-fortune.htm

Significado de la Justicia - Significado de las cartas de los arcanos mayores
del tarot. (2017, 7 de marzo). Labyrinthos. https://labyrinthos.co/blogs/tarot-card-meanings-list/justice-meaning-major-arcana-tarot-card-meanings

El significado de la Justicia: Aspectos positivos y negativos de la carta del
tarot de la Justicia. (n.d.). Sunnyray.Org. https://www.sunnyray.org/The-meaning-of-justice-tarot-card.htm

El significado del Ahorcado - Significado de las cartas de los arcanos
mayores del tarot. (2017, 7 de marzo). Labyrinthos.
https://labyrinthos.co/blogs/tarot-card-meanings-list/the-hanged-man-meaning-major-arcana-tarot-card-meanings

El Ahorcado: Carta de los arcanos mayores número 12. (n.d.).
Sunnyray.Org.

https://www.sunnyray.org/The-hanged-man.htm

Significado de la Muerte - Significado de las cartas de los arcanos mayores
del tarot. (2017, 7 de marzo). Labyrinthos. https://labyrinthos.co/blogs/tarot-card-meanings-list/death-meaning-major-arcana-tarot-card-meanings

Reader, I. F. a. K. (n.d.). La carta del tarot de la Muerte, significados e
interpretaciones. Kasamba.Com. https://www.kasamba.com/tarot-reading/decks/major-arcana/the-death-card

Significado de la Templanza - Significado de las cartas de los arcanos
mayores del tarot. (2017, 10 de marzo). Labyrinthos.
https://labyrinthos.co/blogs/tarot-card-meanings-list/temperance-meaning-major-arcana-tarot-card-meanings

La Templanza: Carta de los arcanos mayores número 14. (n.d.). Sunnyray.Org.

https://www.sunnyray.org/Temperance.htm

Significado del Diablo - Significado de las cartas de los arcanos mayores del tarot. (2017, 10 de marzo). Labyrinthos. https://labyrinthos.co/blogs/tarot-card-meanings-list/the-devil-meaning-major-arcana-tarot-card-meanings

Reader, I. F. a. K. (n.d.). Significado e interpretaciones de la carta del tarot del Diablo. Kasamba.Com. https://www.kasamba.com/tarot-reading/decks/major-arcana/the-devil-card

El significado de la Torre - Significado de las cartas de los arcanos mayores del tarot. (2017, 10 de marzo). Labyrinthos. https://labyrinthos.co/blogs/tarot-card-meanings-list/the-tower-meaning-major-arcana-tarot-card-meanings

El significado de la Estrella - Significado de las cartas de los arcanos mayores del tarot. (2017, 10 de marzo). Labyrinthos. https://labyrinthos.co/blogs/tarot-card-meanings-list/the-star-meaning-major-arcana-tarot-card-meanings

La carta del tarot de la Estrella - Arcanos mayores 17. (n.d.). Sunnyray.Org. https://www.sunnyray.org/The-star-tarot-card.htm

El significado de la Luna - Significado de las cartas de los arcanos mayores del tarot. (2017, 10 de marzo). Labyrinthos. https://labyrinthos.co/blogs/tarot-card-meanings-list/the-moon-meaning-major-arcana-tarot-card-meanings

La carta del tarot de la Luna: Significados y simbolismo. (n.d.). Sunnyray.Org.

https://www.sunnyray.org/The-moon-tarot-card.htm

El significado del Sol - Significado de las cartas de los arcanos mayores del tarot. (2017, 10 de marzo). Labyrinthos. https://labyrinthos.co/blogs/tarot-card-meanings-list/the-sun-meaning-major-arcana-tarot-card-meanings

El significado del Sol - Arcanos mayores 19. (n.d.). Sunnyray.Org.

https://www.sunnyray.org/The-meaning-of-the-sun.htm

Significado del Juicio - Significado de las cartas de los arcanos mayores del tarot. (2017, 10 de marzo). Labyrinthos. https://labyrinthos.co/blogs/tarot-card-meanings-list/judgement-meaning-major-arcana-tarot-card-meanings

La carta del tarot del Juicio, significado para el amor y más. (n.d.). Kasamba.Com.

https://www.kasamba.com/tarot-reading/decks/major-arcana/the-judgment-card

El significado del Mundo - Significado de las cartas de los arcanos mayores del tarot. (2017, 10 de marzo). Labyrinthos. https://labyrinthos.co/blogs/tarot-card-meanings-list/the-world-meaning-major-arcana-tarot-card-meanings

Arcanos mayores 21 - El Mundo. (n.d.). Sunnyray.Org. https://www.sunnyray.org/Major-arcana-21-the-world.htm

Lista de cartas del tarot de los arcanos menores y sus significados. (n.d.). Kasamba.Com.

https://www.kasamba.com/tarot-reading/decks/minor-arcana

El Tarot y las correspondencias del Árbol de la vida. (2020, 8 de julio). Labyrinthos. https://labyrinthos.co/blogs/learn-tarot-with-labyrinthos-academy/the-tarot-and-the-tree-of-life-correspondences

Andren, K. (2016, 24 de enero). La astrología y la cábala mística. Keplercollege.Org. https://keplercollege.org/index.php/esoteric-astrology/1003-andren-astrology-kabbalah

Berg, R. (2000). La astrología cabalística: Y el significado de nuestras vidas. Centro de Investigación de la Cábala.

Halevi, B. S. (2017). Un universo cabalístico. Sociedad de la Cábala.

Halevi, Z. S., & Halevi, B. S. (1987). La anatomía del destino: La astrología cabalística. Weiser Books.

Los planetas y las *sefirot*. (n.d.). LibraryThing.Com. https://www.librarything.com/topic/10037

Stuckrad, K. von. (2016). Astrología. En A Companion to Science, Technology, and Medicine in Ancient Greece and Rome (pp. 114-129). John Wiley & Sons, Inc.

Equipo Jothishi. (2019, 1 de septiembre). La astrología cabalística: Cartas natales, signos del zodiaco, ¡y más! Jothishi. https://jothishi.com/kabbalistic-astrology

Yetzir, S. (1990). El *rav berg* cabalista. Centro de Investigación de la Cábala.

Tirada de tarot del Árbol de la vida. (2016, 10 de enero). El tarot explicado. https://www.tarot-explained.com/spreads/tree-of-life-tarot-spread

iFate. (n.d.). La tirada del tarot del Árbol de la vida. IFate.Com. https://www.ifate.com/tarot-spreads/arrow-of-love-tarot-spread.html

Regan, S. (2021, 6 de octubre). La tirada de tarot más simple, para rápidas exploraciones cada vez que lo necesite. Mindbodygreen. https://www.mindbodygreen.com/articles/one-card-tarot

learntarot. (2019, 22 de agosto). Cómo hacer una lectura de tarot con tres cartas para principiantes. The Simple Tarot. https://thesimpletarot.com/three-card-spread-tarot-reading

La tirada de tarot de la Cruz celta - Explorando la tirada clásica de tarot con diez cartas. (2018, 29 de mayo). Labyrinthos. https://labyrinthos.co/blogs/learn-tarot-with-labyrinthos-academy/the-celtic-cross-tarot-spread-exploring-the-classic-10-card-tarot-spread

www.ingramcontent.com/pod-product-compliance
Lightning Source LLC
Chambersburg PA
CBHW071900090426
42811CB00004B/682